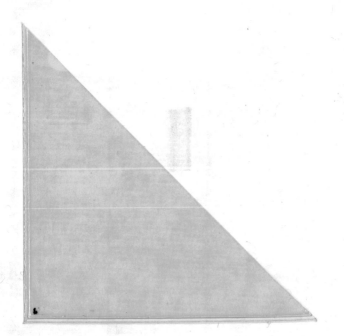

Paula Grogger

Selige Jugendzeit

Paula Grogger

Selige Jugendzeit

Verlag Styria

CIP-Titelaufnahme der Deutschen Bibliothek

Grogger, Paula:
Selige Jugendzeit / Paula Grogger. –
Graz ; Wien ; Köln : Verl. Styria, 1989
ISBN 3-222-11879-5

© 1989 Verlag Styria Graz Wien Köln
Alle Rechte vorbehalten
Printed in Austria
Redaktion: Elke Vujica
Umschlag: Zembsch'Werkstatt, München
Satz und Druck: Druck- und Verlagshaus Styria, Graz
Bindung: Wiener Verlag, Himberg
ISBN 3-222-11879-5

»ER MACHT ALLES WOHL.«

Markus 7,37

2. 12. 1925   P. G.

I.

Das kleine Dirnderl vom »Zündholzkramer«,
der Spitzname, den der Kitzinger Vater gegeben
hat, wuchs heran. Im Laufe der Zeit bekam es
blondes Haar und ein blasses, träumendes
Gesicht. Seltsam stille saß es im dreieckigen
Garten, wenn andere Kinder schrien, seltsam
bitterlich konnte es fühlen, wenn eine Sünde ins
zuckende Herzlein gezogen war. Es stotterte vor
fremden Leuten in schüchterner Unbeholfenheit
und ließ den ganzen Tag nicht von wunderlich
eigensinnigen Ideen, wenn es bei seiner lieben
Mutter allein war. Das Kind wußte alles besser;
es wollte herrschen, und wo es nicht herrschen
konnte, ging es davon. Sie haben es oft geschlagen, und es war ihm recht.
Gewitterschwüle . . .
Die Hilda rannte mit langen Beinen ums stattliche Groggerhaus, bis alle müde wurden, sie
einzufangen; sie fand einen Weg zwischen dich-

testen Tropfen wie dazumal das tapfere Schnei-
derlein mit geschwungenem Schwert.

Die Paula aber blieb mit brennenden Augen tief
unter schweren Wolken stehn und harrte, bis . . .
es einschlug.

Wie weit dieses Blatt in der Geschichte meines
Lebens zurückliegt; und dennoch muß ich es
lachend und weinend immer wieder lesen. So
geht es allzeit: die eine, ein scheuer Vogel, der
mit wilden Wünschen ein stilles Nest gefunden,
der andere wandert mit zerbrochenen Seligkeiten ins Blaue hinein . . .

Das Dirnderl vom stolzen Zündholzkramer
wuchs heran. Es wohnte in Gedanken und Einsamkeit zwischen unsichtbaren Bildern. Ich
glaube nicht, daß es sich je vor Geistern und
Räubern gefürchtet hat. Aber im Dorfe wohnte
ein Maurermeister und der hieß Delaschiava.
Ihm zogen Jahr für Jahr mit den Schwalben
hundert Italiener zu, und vor diesen hat das
Kind in bangem Hasse gezittert. Des Sonntags
hockten sie auf dem morschen Bretterzaun neben der Kitzinger Tenne und schlapperten wä-
lisch. Von fern hörte das Mädel ihnen schüchtern zu und bebte dabei und wußte nicht warum.
Und mit leidvoller Inbrunst wünschte es, sie
mögen gehn und nie wiederkehren.

Warum . . . warum?

Es gibt dunkle Ahnungen, die vor dem Denken
aufwachen, die wie rote Fäden in den Fügungen
Gottes ziehen – unheimlich . . . erlöschend . . .

brennend . . . bis sie zu bitterer Erkenntnis werden. Also fängt meine Liebesgeschichte an, mit wälschen Maurern, die auf morschem Bretterzaun Polenta aßen.

Viele Zeiten gingen darüber hin, trübe und fröhliche. Längst sagten die Leute »Fräulein« zu mir und sie kränkten mich durch Neid und Kleinlichkeiten und sie verzogen mich durch ihre Liebe.
Ich lachte ins blühende Leben hinein und fühlte mein Ich. Siebzehn Jahre! Da ist der Mensch so reich in Erwartung aller goldenen Sterne, die vom Himmel fallen und . . . nimmer die Erde finden . . .
Ich stand vor dem Spiegel und drehte mich links und drehte mich rechts. Ich war zufrieden.
Dann kam ein wehmütiges Gefühl über mich, wie jedes Jahr einmal, wenn der letzte Tag ist – Silvester. Ein Gemisch von Pathos, Rührung und banger Scheu ließ mich eine kurze Weile die kleinen Eitelkeiten meiner Jugend vergessen. Ich dachte an das Schicksal und suchte es irgendwo . . . weit draußen im geheimen Dunkel einer werdenden Zeit.
»Seid's fertig?« fragte meine Mutter zur Tür herein und sie sah stattlich aus in der seidenen Bluse mit bauschigen Ritterärmeln. Das war so Mode anno 1909 – oder vielleicht schon nicht mehr. Wir waren fertig.
Eiskalt und doch glutsengend fuhr der Abend

über meinen Scheitel. Alle Sterne schienen in ihrem Glanz erstarrt wie helle Wassertropfen. Die schwarzen Lackschuhe suchten unruhig und haltlos über den violettschimmernden Schnee. Und meine liebe Mutter sagte sorglich an der Steintreppe des Fischerhauses:

»Paßt's auf, daß nit herfallt's.«

Drinnen umfing uns eine Welle von Licht und vielfältigen Stimmen.

Silvester!

Lachende Menschen mit erwartungsvollen Augen und klopfenden Pulsen; traumselig, weinselig, weltumschlingend. Lachende Menschen, die ihre Gläser in Einigkeit zusammenfügten, einen Herzschlag lang.

Wünsche klingen und Wünsche zerrinnen . . .

»Achtung, meine Herrschaften«, schrie der alte Doktor Fischer mit seiner Stimme wie die Posaune des Jüngsten Gerichtes. Niemand kannte diese Stimme anders; nicht die Kranken oder seine Kinder, nicht die handfesten Bauern in der Gemeindestube.

So sprach er denn auch unter den papierenen Girlanden des Silvesterabends:

»Achtung, meine Herrschaften; ich möchte Sie darauf aufmerksam machen, daß hiazt die Lose für den Glückshafen verkauft werden. Dieses sind heuer keine Nummern, sondern Spielkarten, per Stück eine Krone. Nachher werden aus einem zweiten Packl Karten gezogen, und die erschte gewinnt das erschte Best und so weiter.

Alsdann, haben S' mich verstanden, meine Herrschaften?«

Nun, das kann ich mit gutem Gewissen für die Mehrzahl in Abrede stellen – auch für mich. Gekauft haben sie dennoch alle.

Ich sehe noch die Frau Kitzinger, wie sie gewichtige Gulden auf den Teller legt; den alten Lämmerer sehe ich seinen gehäkelten Geldbeutel ziehen und weidlich drauflosschimpfen. Unten am Tischende den Oberlehrer von St. Martin, der unendlich bescheiden eine Banknote hergibt und dafür keine Karte nimmt. Er ist ein Mensch, der nur einen Rock hat für gute und böse Tage, aber dafür ein Zeissmikroskop und ein Hirn voll Weisheit.

Mit bitterem, schneidendem Lachen zieht der Kitzinger Pepi.

»Die Dummen ham's Glück.«

Ich verstand diese Rede erst viel später. Einer hatte ihm zugelogen:

»Sie mag dich nicht, weil du ihr zu dumm bist.«

Sie hatte das niemals gesagt, aber auch niemals das reiche Haus begehrt mit fünf oder sechs Auslagscheiben. Ist allzeit ein Närrlein gewesen, das Dirnderl vom Zündholzkramer.

Die Frau Postmeister Aloisia Hohensinner redet noch ein paar bedächtige Worte über Salat und Zitronensaft und den Nährwert der Mehlspeisen und sucht dann mit ihren feinen weißen Fingern eine Karte zum Glück. – Der Herr Inspektor nimmt sich seine – die buschigen Brauen ein klein wenig hochgezogen; die Mitzi graziös, den kleinen Finger ausgespreizt.

»Ach Gott«, seufzt die Frau Fischer, »ich hab ka Geld bei die teuren Zeiten . . . «

Teure Zeiten!

Viele Einzelheiten sind meiner Erinnerung schon geschwunden, und es ist ein wunderliches Bild, das in mir aufersteht, wenn ich an jenen Abend denke.

Papierene Eichenkränze und blendende ·Lampen . . . bunte Fächer, bunte Farben und Töne . . . Grüne Weinflaschen und Porzellangeschirr, zum Glücksturm gefügt, und hoch oben, strahlend in Chinasilber und Lichtreflexen, eine Weckeruhr. Schrille Geigentöne: a e . . . a . . . e . . . Und der alte Doktor fuchtelt mit dem Fidelbogen temperamentvoll herum, als hätte er schon das große Los gewonnen.

»Prosit, wir bleiben die alten!«

Und von Mensch zu Mensch kreisen weiße Wolken . . .

Gläser klingen . . .

Und von Mensch zu Mensch windet sich die Kellnerin Lini mit mürrischem Gesicht:

»Platz bitte, sunst schmeiß i was awi.«

»Prosit, prosit!«

»So jung kommen wir nimmer z'samm' . . .«

»Heil«, ruft der Maturant Scharzenberger über den Tisch herüber.

»Und viel Glück! 1910 wird's ernst!«

Er lachte noch sein glückliches Jungenlachen.

Stimmen schwirren wie Bienen im Mai. Und dann – sie alle erlöschend, schmeichelnd und traumverloren die Barcarole aus Hoffmanns Erzählungen.

Einmal ist leise die Tür gegangen. Ich sehe auf und gleich wieder weg vom Fremden. Ich bin so stolz und ängstlich; ein Fremder soll nicht meinen, ich habe ihn angesehen.

Wer er ist, errate ich, weil der Bahnvorstand ihn hereingebracht hat: der neue Herr Aspirant. Ganz jung noch, vielleicht zwanzig, nicht viel mehr. Blaß und blond und hochgewachsen. Nur die Augen sind dunkel . . . blau? . . . grün? . . . ich weiß es nicht . . . dunkel wie eine alte Frage. Ich denke nicht viel darüber nach, aber es ärgert mich, wie er über die Köpfe hinwegsieht und lässig im Türrahmen lehnt.

Ein Fremder . . .

Ich sehe noch einmal leise und scheu zum neuen Menschen hinüber, der immerzu ein verschlossenes, stolzes Lächeln um die schmalen Lippen hat und seine seltsamen Augen weitab rasten läßt . . . irgendwo im seligen Wiegen der Barcarole . . .

Der neue Herr Aspirant hat eine Karte gezogen; der neue Herr Aspirant ist vorgestellt worden. Und gleich darauf noch ein anderer. Er war auch blond und jung . . . vielleicht zwanzig, nicht viel mehr. Doch er sah älter aus und trug einen falschen Bart, denn er hatte in der »fidelen Gerichtssitzung« den Richter gegeben, und ich muß sagen, die schwarze Kutte und das viereckige Barett standen ihm wohl an. Für gewöhnlich hatte er weder mit dem Vollbart noch mit der heiligen Justitia etwas zu tun; für gewöhnlich war er ein stichnagelneuer Schullehrer. Auch der Herr Kutaleck hatte sich an diesem Abend in erstaunlicher Weise verändert und die irdische Hülle eines schnapssüchtigen Polizeiorgans angenommen, der er merkwürdigerweise bis zur Virtuosität gerecht wurde; und der junge Lämmerer – in Zivil ehrsamer Schuster – war ein derart waschechter Haderlump geworden, daß es einen nicht wundern konnte, wenn die weltliche Obrigkeit angesichts dieses Menschen intonierte: »O heilige Justitia, schon wieder ein Verbrecher da ... «

Nun, diese besagte weltliche Obrigkeit saß mir schräg gegenüber, und ich sah sie an. Ohne es zu wissen. Bis ich auf einmal entdeckte, daß ihr infolge einer etwas kurzen Oberlippe der Mund ein wenig offenstand, und sei es, wie es sei – aus dem bekannten Nachahmungstrieb des Menschengeschlechtes oder aus Ehrfurcht vor dem falschen Vollbart ... kurz und gut – ich entdeckte schließlich zu meinem Schrecken, daß mir bei diesen anatomischen Betrachtungen der Mund ebenfalls offenstand und daß ich überhaupt unpassend lange auf einen »jungen Herrn« gesehen hatte. Das ist mir noch deutlich im Gedächtnis, und ich muß heute lächeln, wenn ich denke, daß dieses die ersten Eindrücke waren, die ich von meinem Schwager empfangen habe; denn das ist der Lehrer Franz Höpflinger zwei Jahre darauf geworden.

Auf Geigensaiten und Klaviertasten, auf Klarinette und Flügelhorn spielte das alte Jahr seine letzten Lieder. Lachende Menschen mit erwartungsvollen Augen vergaßen auf die Werkeltage, die vor und hinter ihnen lagen. Und in mir war Jugendzeit. Ich dachte an mein Schicksal, das irgendwo im Dämmer aufstand, und war so selig im Nichtsverlangen, weil ich den großen Glauben meiner siebzehn Jahre trug, den Glauben, daß alles Glück der Welt über mich kommen werde, wenn seine Stunde sei. Ich sah die Menschen, die mich haßten und die mich liebten, und wußte, es muß so sein – gestern und heute . . .

Der alte Doktor zupfte mich sacht:

»Fräul'n Paula, kommen S'; die erschte Karten müssen Sö ziagn . . . die erschte von all'n; gell?«

Wie zart weiland seine Hände über meinen Scheitel strichen!

»Achtung! Alsdann, hiazt is die Verlosung! Schaun S' Ihnere Karten guat an. Da is das zweite Packel, aus dem 'zogen wird. Und das Best N$^{\underline{o}}$ 1 is der Wecker da oben. – So, Fräul'n Paula, hiazt ziagn S'.«

In dieser Sekunde, als ich auf der kleinen Stiege zum Glück stand, fühlte ich die 32 Menschen in Erwartung mich ansehen, fühlte ich das sehn-

süchtige Brennen von vielen Wünschen wie zuk-
kende Flämmchen um mich, und es war meiner
blutjungen Weltweisheit, als läge Größeres in
meinen Händen denn ein Uhrwerk – um einen
halben Gulden.
Ich zog.
»Eichelas!« schrie der Doktor, »sehn S', meine
Herrschaften; wer hat Eichelas?«
Stille.
Und dann sagte einer über die Köpfe der Öblar-
ner hinweg ruhig und schlicht:
»Ich – bitte!«
Der Vorstand Hersler kicherte:
»Brav, großartig, Herr Aspirant!«
Und der Doktor reichte dem blonden Blassen
die Hand, als er herangekommen war.
»Kreizdunnawötta, hat der Mensch a Glück!«
Und das Mädel legte den Wecker aus Chinasilber
in die Hände des Fremden.
»Ich danke«, sagte dieser mit heller Freude und
verneigte sich.

Meine Mutter war in ihrem Herzensgrunde bitterlich erschrocken. Sie ist abergläubisch, und
wie sie sah, daß ich an diesem Abend Eichelas
gezogen hatte, dachte sie an den Tod und sonst
nichts als an den Tod . . .
Die Geigen aber spielten vom Leben und Wünschen. Die Gläser klangen, die Menschen san-
gen, weinselig – traumselig – weltumschlingend.
Über den Dorfplatz ging die Mitternacht.

Da erloschen die Lichter.
Und im Wiederaufflammen stand in unserer Mitte, dunkel und geheimnisvoll, eine neue Verheißung.

»Prosit Neujahr!«

»Heil! Wir bleiben die alten.«

»Glück auf!«

Hände und Gläser fanden sich; weltwehmütiger Jubel umfing uns, und mit papierenen Blumengewinden drängte sich eine arme Herde sehnsüchtiger Menschen durch die große Pforte, die keinen zurückläßt.

Um Mitternacht.

Leichtsinniges Erdenvölklein, wie manchem war es das letzte Glückauf. Du reiches Erdenvölklein, das mit lachenden Augen ein Stück Leben beiseite legt!

Warum nicht . . . ?

Die Musikanten lockten mit alten Weisen, die mit den Müttern einst jung gewesen.

Ich lachte ins leuchtende Leben hinein und plauderte drauflos . . .

»Da studieren S' gewiß recht fleißig«, sagte der neue Lehrer, als wir zusammen auf und ab gingen, »darin sind uns die Damen ja immer voraus.«

»Lernen tu ich schon, aber . . . «

»Aber?«

»Na, mir scheint, Sie möchten gern wissen, ob ich auch soviel im Kopf hab . . . wie Sie . . . !«

»O so – lassen wir's drauf ankommen. Zum Beispiel: Wann war die Bartholomäusnacht?«

»Fragen S' die Hottentotten; wissen Sie vielleicht . . . «

Da kam der junge Herr Aspirant auf uns zu.

»Ich bedanke mich noch einmal, Fräulein, daß ich durch Sie einen so netten Gewinnst gezogen hab.«

»Bitte! Haben S' eine Freude damit?«

»Ja«, sagte er fast innig, »ich hab mir schon einen lieben Platz in meiner Bude ausgedacht, wo ich ihn hinstell.«

»Sehn Sie, Ihr Aufenthalt in Öblarn geht gut an«, sagte Höpflinger etwas steif.

Der Blonde nickte.

»Fräulein sind auf Ferien da, nicht wahr?«

»Ja. – Sonst bin ich in Salzburg.«

»Eine zukünftige Kollegin von mir.«

»Ah, Lehramtskandidatin – meine Mama hat seinerzeit drei Jahrgänge in Goldenstein gemacht.«

»Ich bin im Ursulinenkloster.«

»Dritter Kurs?«

»Nein, im zweiten.«

»Schade.«

»Warum?« fragte ich gereizt.

»Ja, schaun Sie, Fräulein, ich kenn die Kandidatinnen: im vierten stucken sie wie nit gescheit, im dritten sind sie nett, und im zweiten sind sie noch rechte Klosternockerln.«

»Ist das Ihr Ernst?«

»Ja«, sagte der Herr Aspirant treuherzig.

Das war mir genug. Das hatte niemand gesagt!
... Das ... das war unerhört. Eine Lohe Zorn
stieg mir auf.
Da schien es ihn zu reuen.
»Ich wollte Sie nicht böse machen.«
Aber ich fand es für gut, ihn mit grenzenloser
Verachtung zu bestrafen, und drehte ihm den
Rücken. Der neue Herr Lehrer ging mit mir. Zu
dem sagte ich voll Würde:
»Sie hätten auch was Besseres tun können, als
dazu lachen!«
O wie tief sank das ästhetische Wohlgefallen, das
ich seinem Richterbarett und seinem falschen
Vollbart gewidmet!
Und während der Mund das Herz mit Dobostor-
ten tröstete und mein Ohr den Prüfungsproble-
men und Schwindelsystemen des Maturanten
Scharzenberger zuhörte, zwang ich mich immer-
fort zu dem einen Gedanken: warum mußte ich
gerade für ihn – den – diesen, der mich so unauslöschlich und abgrundtief beleidigt ... den
silbernen Wecker ziehen.
Warum – warum?
Und es war mir eine neue quälende Wonne –
mich bitterlich zu kränken.
Aber ich sage dessenungeachtet und trotzdem,
ich sage heute und allezeit, daß mir an diesem
Morgen der Himmel voller Geigen hing, weil
ich jung war und reich – wundersam reich im
Warten auf leuchtende Sterne. Und wenn der
liebe Gott an der Pforte des Jahres stand, um

den törichten Menschlein mit goldener Fackel hineinzuleuchten, muß er an ihnen seine Freude gehabt haben.

Große, bescheidene, glückselige Kinder!

Seine Freude am stichnagelneuen Schulmeisterlein, das unter dem falschen Vollbart seine Flegeljahre so kümmerlich verbarg, und sonntags lachen konnte wie seine großen Buben, denen er unter der Woche den Stecken zeigte . . .

Und der liebe Gott mag liebreich und milde gelächelt haben, als er den jungen Aspiranten Bartosch sah, wie er im Frühdämmer einsam auf der Bahnhofstraße ging; selig, daß er eine lila Krawatte trug, selig, daß er Kadett der Reserve geworden, selig – daß er das »große Los« in seinen Händen hatte. – Den Wecker aus Chinasilber.

II.

Als ich am 2. Jänner von Öblarn Abschied nahm, habe ich ihm nicht die Hand gegeben, auch zu Ostern nicht. Es war ein bitterböser Groll in mir, von dem ich nicht lassen wollte. In den Sommerferien rief mich Tante Julie einmal zu sich und sagte:

»Es ist einer da, der wieder gut werden möchte!«

Da sahen wir uns an und mußten lachen. Wie Kinder und Freunde. Das sind wir dann auch durch viele Jahre geblieben. Aber schon in dieser Zeit kam dem jungen Aspiranten Bartosch nach reiflichem Denken ein Entschluß. Er legte ihn behutsam in eine Schachtel und band sie zu; weil er ein ordentlicher Mensch war. Er konnte es nicht leiden, wenn ihm ein Tintenfleck auf dem Mittelfinger klebte oder eine unrechte Falte auf der Uniform.

Da lachten die anderen.

Mir aber erzählte er von seiner Welt, weil ich nicht lachte. Es war ein kleines Idyll, darin er mit Gedanken und Träumen wohnte ... Alte Zeichnungen aus seiner Studentenzeit ... zitternde Saiten und Heimatlieder ... weiße gestickte Sacktüchlein, von den Händen seiner Mutter gefaltet, und darüber ein violettes Band ...

Er war ein wunderlicher großer Junge, der Herr Aspirant, und saß auf dem Gartenzaun und ließ auf seinen schwarzen Schuhen die Sonne spiegeln. Und es war ein Sommerjauchzen wortlos in ihm, so überselig, daß es an die kristallenen Tore des Himmels stieß und klingend zerbrach.

So ging es, daß ich an ihm die seltsamsten Stimmungen erlebte, die ich oft kaum verstand.

Eine heimliche Kraft drängte in seiner Seele nach Vollendung, und die weiche Wonne, die er weltverloren in den Gedichten seiner Einsamkeit sah, verdeckte eine ruhlos wühlende Sehnsucht nach Königtümern.

... »Und warum sind Sie es geworden?«

Da verloren seine Augen das fremde Schimmern und wurden stolz.

»Ich hab vier Geschwister und bin der Älteste!«
Es lag sein junges Leben offenbar ... mit zit-
ternden Saiten und violetten Bändern. Nur die
kleine Schachtel hielt er verborgen, darin sein
Entschluß lag. Er erkannte, daß ich das Blaue
vom Himmel wünschte – gestaltlose Märchen al-
ler Unendlichkeit und dazu ein Glück, tausend
Schuh lang und breit und tausend Schuh tief.
Und er wußte, daß dieses Glück noch keinen
Namen hatte.
So blieben wir Kameraden und Kinder.
Ich habe von vielen Menschen viele Blätter in
meinem Tagebuch beschrieben, ich habe von
Dingen erzählt, die mir absonderlich waren, die
mein Leben wie Stürme und Flammen faßten.
Von dem einen aber steht nicht viel darin, weil
er bescheiden und bedächtig neben meiner Seele
ging, die seiner nicht bewußt wurde.
An meinen 18. Geburtstag denke ich noch. Wie
unter mächtigem Klopfen die Tür aufging und,
nach der Größe mathematisch geordnet, die
Freunde kamen; wie drei rechte Hände mit
strammem Salut nach den Kappen fuhren, und
drei linke Hände mich beschenkten.
Es war eine Narretei.
Zuerst stand Kowanda; klein, schmal – zynisch.
Und unverständlich wie die französische Gram-
matik, die er präsentierte.
Dann Bartosch. Nigelnagelsauber, in vor-
schriftsmäßiger Adjustierung, mit weißen Handschuhen, Bügelfalten und Blumenstrauß.

Und zuletzt der Riese Karl Zeilinger. Der war so treuherzig als groß und hatte ein zufriedenes Kindergemüt. In dieser Stunde außerdem noch einen Kochlöffel.

O Jugendzeit, o Jugendzeit,
Wohin bist du entschwunden . . .

Es waren liebe Menschen; nun sind sie in alle Welt zerstreut. Ich danke ihnen so manches schöngeistige Stündlein. Niemals sind sie mit Seufzern, mit zuckersüßen Worten und verdrehten Augen zu mir gekommen; sie wußten, wie bitterlich ich das hasse. Und ich bin stolz auf die Achtung, die sie mir durch ihre schmucklose, ehrliche Kameradschaft gegeben haben.
Als ich zu Weihnachten heimkam, fand ich vieles verändert. Zeilinger war von Öblarn fort. Auch Bartosch. Er saß in Werfen und verfaßte ein Sendschreiben:

»Liebes Fräulein Paula.   26. 12. 10
Bitte nehmen Sie mir es nicht gar zu übel, wenn ich es wage, mit einem vier Seiten langen Brief (ich weiß nämlich jetzt schon, daß er so lang wird) an Sie, liebe Paula, heranzutreten. Bei dem hastigen Wiedersehen in Werfen fragte ich, ob ich Ihnen schreiben dürfe; ich weiß nicht, verstanden Sie mich noch, jedenfalls machten Sie eine Gebärde, die ich in meiner Verlassenheit natürlich im günstigen Sinne auffaßte und somit

ein kleines Plauderstündchen abzuhalten mich erdreiste.

Nach fleißig eingeholten Erkundigungen ging es Ihnen, liebe Paula, ganz gut, nur etwas öfter hätten Sie wohl Lebenszeichen geben können; offen gestanden, von schwesterlicher Seite trug man sich mit dem Plan, Ihnen darob die häusliche Schwelle zu verweigern, welch strenge Maßregel nur durch meine gütige Fürsprache fallen gelassen wurde.

Also bald nach Ihrer Abreise kam eine große ›Amerikanische Schiefschaukel‹ (laut Plakat an der Telegraphensäule), worüber Frau Mama in tausend Ängsten war, weshalb man vorzog, sich lieber einmal in eine ›gerade‹ Schaukel zu setzen. – Hernach, großer Krach im Hotel; das Oberhaupt der Gemeinde verläßt mit Sack und Pack treulos seine Schafe, bald darauf ließ sich unsere einstige Nährmutter vierzehn Tage lang Zähne ziehn. – Die Beamten müssen ob dieser mißlichen Umstände sich natürlich um liebevollere Pflegeeltern umschauen. – Ein Schlag auf den anderen! Eine würdige Stütze der Gesellschaft, Karl der Lange, 1908 – 1910, wird ins heilige Land Tirol abberufen. Zu zweien wird jetzt stramm Dienst gemacht. Doch dieses monotone Leben wird mir fad; ich wünsche liebevolle Ansprache, suche, finde nichts. Tante Julie empfiehlt mir liebe Bekanntschaft in einem Flecken an der oberen Enns. Ich stehe auf Freiersfüßen. Mache eine Rekognoszierungsfahrt, kehre bitter enttäuscht zu meinem unerreichbaren Ideal zurück und habe geschworen, zeitlebens Junggeselle zu bleiben.

Es kommt die Zeit, wo die Kloster!!?!!schwalben wiederkommen. – Man schmiedet Pläne über Ausflüge, photographische Aufnahmen, man fegt die Eisbahn und gedenkt hiebei auch der Abwesenden, da –

sitz ich verlassen und gedenke der schönen Stunden, die ich in Gesellschaft Ihrer Angehörigen verbracht und hege für alle ein Gefühl tiefer Freundschaft und Anhänglichkeit. Und jetzt habe ich meine Aufgabe gerade doppelt erledigt ($4 + 4 = 8$) und schließe mit herzlichen Grüßen in freudiger Erwartung einer mündlichen Rücksprache . . . «

So traf es, daß wir wieder einen Silvesterabend im Fischersaal begingen. Es waren die alten Menschen, die alten Weisen. Es waren die gleichen Wünsche, die zum unvergänglichen Eichenlaub aus grüngefärbtem Papier stiegen . . . hoch . . . hoch darüber hinaus, bis an den Feuerkreis der Sterne.

Und eine neue Sehnsucht flog mit allen verjährten Bitten auf.

Unter dem Hochamt des Christtags war mir zum erstenmal der Gedanke gekommen, an die Hochschule zu gehen. Lange schwieg ich davon. Erst im Spätfrühling gestand ich es unter Herzklopfen und Stottern Mater Stanisla. Sie war nicht dagegen, wie ich gefürchtet hatte, sondern mutigte mich auf. Und von da an wurden meine Wünsche noch hundertmal kühner, wollender, hoffnungsreicher.

Wie schnell doch die Monde dahinglitten über den Gärten der Jugend!

Frühling und Sommer zogen ins Land. Ich hatte den dritten Jahrgang gut und ein tückisches Scharlachfieber schlecht überstanden. Ich fühlte, daß ich krank war. Und zum erstenmal in meinem Leben versagte mir die Jugendkraft.

Wie oft habe ich mich seitdem mit lahmen weißen Händen freudlos an der Sonne gewärmt und an Sonne und Lachen emporgerungen. Das danke ich nächst Gott und meiner lieben Mutter allen Menschen, die mir gut waren und sind, die mit mir die Fröhlichkeit und die tiefsten Werte ihres Herzens geteilt haben.

Wie ungewiß und ohnmächtig ich auch in die Zukunft meiner Pläne sah, fing ich an, Latein zu lernen, und das gehörte zu meinen liebsten Arbeiten. Schon im Kloster, wo ich in solchen Stunden mit Mater Stanisla in einer Bankreihe saß und sie (o Wonne!) einsagte, wenn mir der Geist ausging.

Ich hatte einen großen Eifer, aber wenig Zeit, und so brachte ich in der Singstunde alle Molltonleitern und Septimenakkorde meinen antiken Vokabeln zum Opfer und sogar – die Gunst der wohlehrwürdigen Mater Cäcilia. Dieses geschah, als ich eines schönen Tages mich hinter den singenden Chorus aller Kandidatinnen friedlich auf den Boden gesetzt hatte und mit Innigkeit und Wärme deklinierte:

»Aries magnus, arietis magni, arieti mag . . . «

Ich kann nicht sagen, wie es zuging. Auf einmal verstummte alle Melodie, und vor mir sah ich ein brennrotes Gesicht und kugelrunde Augen voll Vorwurf und Verachtung. Großes Schweigen. Und dann kam es wie eine grollende Erlösung:

»Ich weiß nicht, was ich sagen soll.«

Ich wußte es auch nicht. Es wurde ein Prozeß daraus, der durch viele Instanzen ging und schließlich an der Güte einer Klosterfrau hängen blieb. Da hängt er heute noch, und wenn sie ihn sieht, mag sie wohl leise lächeln . . .

Hochsommer. Müde schleppte ich mich in die goldene Ferienherrlichkeit und zagte: Was wird werden? Ich hielt mit mageren Händen mein zerbrechliches Hoffen und in Sonne und Lachen ward ich langsam gesund.

Kowanda habe ich von meinen Wünschen und Zielen erzählt. Er ist ein ungemein kluger Mensch und war selber Hochschüler gewesen. Kurz vor den letzten Prüfungen muß er wohl einen großen Strich gezogen haben – unter alles, was vergangen . . . Ich weiß es nicht, warum. Es mag eine traurige, stumme Geschichte sein, daran er jetzt noch bitterlich trägt. –

Als ich ihm erzählt hatte, sagte er:

»Wenn Sie wollen, gebe ich Ihnen jeden Tag eine halbe Stunde Latein.«

»Ich bitte, ich will sehr gern.«

»Wissen Sie, ich geb' meistenteils keinen Kreuzer dafür, wenn Mädel studieren – Universität, meine ich – aber ich glaube, Ihnen ist ernst.«

»Ja, mir ist ernst.«

Da lachte er ein wenig:

»Also: discipula mea!«

»Magister«, sagte ich, »es wundert mich, daß wir einmal im Guten miteinander gesprochen haben.«

»Sie halten mich mit Unrecht für bissiger, als ich bin.«

»Na, sehr zahm sind Sie wirklich nicht, das haben Sie bewiesen.«

»Wann?«

»Immer. Man muß bei Ihnen genau achtgeben; die Hiebe sitzen recht locker.«

»Um Gott's willen!«

»Sie müssen doch zugeben, daß Sie ein Mundwerk haben.«

»Das hat im allgemeinen jeder Mensch.«

»Und im besondern – ?«

»Bitte, wollen Sie das vielleicht auch lateinisch beweisen.«

Mit diesen Worten bestieg er den Lehrstuhl der Philologie. In solchen Stunden sprachen wir niemals ein überflüssiges Wort. Es war ein Arbeiten, dessen ich heute noch mit Freuden gedenke. Wenn ich einmal nichts gelernt hatte, konnte er sehr zornig werden. – Zog die Brauen zusammen, warf die Zigarette weg.

»Die Übersetzung ist Ihrer unwürdig.«

»Jetzt sind Sie wie ein Lehrer – haargenau. An Ihnen ist ein Professor verlorengegangen.«

Da sah er auf einmal sehr seltsam aus, und ich fühlte, daß ich an einer Wunde gerührt hatte. Von nun an widersprach ich ihm in diesen Dingen nicht mehr. –

In der ersten Ferienwoche kam aus Werfen ein Brief.

»8. Juli 1911.

Nach hergebrachter Sitte erscheint hiemit der übliche Tätigkeitsbericht – heuer illustriert, daher um 10 Heller mehr. –

Um vom Anfang zu beginnen, muß ich die erfreuliche Nachricht offerieren, daß die zu Ostern gespendeten zwei Eier noch am Leben, nicht nur das, sondern sich eines ganz uneingedrückten Lebens erfreuen. Das blaue wird so frei sein, Ihnen, liebes Fräulein, in Bälde einen Besuch zu machen; das rote ist immer dienstlich in Anspruch genommen, es hat die hohe Aufgabe, das an der Decke eines Junggesellenheimes aufgehängte Lampion etwas in die Länge zu ziehen. Die Osterferien sind vorüber – alles hat ein Ende. Klosterfräulein rücken ein, Bahnbeamte machen Dienst, vereinbarte Begrüßungen finden nicht statt. Vergebens spähen sie umher, sie finden >ihre< Spur nicht mehr . . .

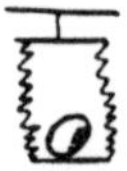

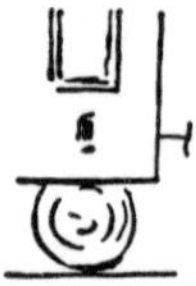

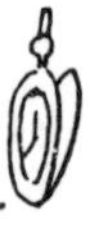

doch unserem Jüngling wird bang und
[...], daß es hat mir einmal der Schuh
den feuchten Fuß gedrückt – jedoch
mit Erfolg. Mittlerweile wird es dem[...]
[...]. Enkel und Tante beginnen zu
[...], Gemünde wurden
eingeladen. Nichten sie

der Schlaf und Riegel.
[...]verschlossen war
das Tor..

Die Ziege bekommen große Verschüttun-
gen – Schlaf zieht heimwärts. — [...]
und lange Bayrispringen – und zum
Schluß sind wir alle um neun Uhr [...]
[...].

Der Herausgeber m.p.

10 Minuten Pause.

[...] Sie, liebes Fräulein, nach den
10 Minuten, die es erholt haben [...],
folgt der geschiedene Teil. Wie ich [...],
sind Sie etwas [...], haben [...]
[...] es nicht Gefährliches ist. Etwas blaß
kommen Sie mir vor. Weil man [...]
[...] Näheres über Ihr Tun und Treiben erfährt, müssen Sie schon entschuldigen, wenn ich Sie, liebes Fräulein, ein
wenig ins Gebet nehme. Aber freilich
[...] läßt sich mein Wissensdurst nicht
stillen; so wende ich, vorausgesetzt, daß

Prüfung vor der Tür, der arme Aspirant wird einberufen; g'fragt hat man viel, g'sagt hat er wenig, durchgekommen ist er, doch nur mit Hilfe eines kleinen Bildchens, das derselbe in seiner Uhr verwahrt trägt und von dem in kritischen Momenten stärkende Kraft ausgeht . . .

Der Frühling zieht ins Land. Lachend begrüßt die Sonne glückseliges Volk, unter blühenden Bäumen wandelnd, doch unserm Jüngling wird bang ums Herz, denn es hat nur einmal der Schuh den freienden Fuß gedruckt – jedoch mit Erfolg. Mittlerweile wird es Sommer. Onkel und Tanten beginnen zu reisen, Freunde werden eingeladen. Nichten hinter Schloß und Riegel. Wohlverschlossen war das Tor . . .

Die Züge bekommen große Verspätungen – Alles zieht heimwärts – Flüchtige und lange Begrüßungen – und zum Schluß sind wir alle um ein Jahr älter.

Der Herausgeber m.p.
10 Minuten Pause.

Nachdem Sie, liebes Fräulein, sich nach den 10 Minuten etwas erholt haben dürften, folgte der gescheitere Teil. Wie ich erfuhr, sind Sie etwas rekonvaleszent; hoffe aber, daß es nichts Gefährliches ist. Etwas blaß kommen Sie mir vor. Weil man sonst eh a nix über Ihr Tun und Treiben erfährt, müssen Sie schon entschuldigen, wenn ich Sie, liebes Fräulein, ein wenig ins Gebet neh-

me. Aber schriftlich läßt sich mein Wissensdurst
nicht stillen; so werde ich, vorausgesetzt, daß Sie
nichts einzuwenden haben, einmal ›umikom-
men‹. Meine Zeilen werden Sie wohl antreffen
und zur Erwiderung in geharnischten Sonetten
aufstacheln. Und nun, verbringen Sie die Ferien
recht gut und denken Sie manchmal an mich,
der ich heiße

                    Edi Bartosch
                    und bin immer derselbe.«

Wie er schrieb, so sprach er; weich, ein wenig
schüchtern und anspruchslos. Als wäre ihm trotz
der sieghaften Selbstherrlichkeit, die fast alle
Männer um 20 Jahre herum auszeichnet, der
milde Einfluß seiner Mutter nicht verlorengegangen.
Ob er »immer derselbe« war?
Wenn er uns auf einige Stunden heimsuchte, saßen wir gerne im dreieckigen Gärtlein, und die
kleinen Schatten des Apfellaubes zuckten unruhig über unsere blonden Köpfe, in denen es gar
wunderlich aussah.
»Wir werden Sie schon wieder herauskriegen«,
sagte er sorglich; und ich hörte ihm zu. »Die
goldene Sonne wird aufräumen, wenn was
Krankes drin ist. – Ich muß Ihnen einen Vortrag
halten; er wird Ihnen nicht schaden, liebe Paula.
Es geschieht auch in Unterstützung Ihrer Frau
Mutter. Sie trinken doch den Tee, nicht?«
»Wenn Sie wüßten, wie schlecht der ist.«

»Ich kann Sie nicht dispensieren«, sagte er in einem Pathos zwischen Strenge und Scheu, »und ich halte es für meine Pflicht, diesen beängstigenden Zuständen des Ungehorsams abzuhelfen.«

»Das ist eine schöne Pflicht.«

»Nicht wahr. Man muß allerdings seine ganze Zungenfertigkeit dabei vom Stapel lassen. Ich gehe zur besseren Übung ja schon öfters längs der Salzach promenieren; ganz wie Demosthenes, der auch am Meeresgestade wandelte, um sich zum kräftigen Redner auszubilden.

Schon als kleiner Gymnasiast bin ich gerne auf den Holzschupfen gestiegen und habe gepredigt und deklamiert. Und bin dabei mit meinem Bruder Pepi ins Streiten gekommen – vielleicht auch ins Raufen. Ich weiß es nicht mehr. Ich weiß nur, daß er hernach beim Essen ganz heimlich mit seinen Schuhen auf meine Beine schlug. Und ich schlug zurück, bis es mir zu dumm wurde und ich dachte: ›Wart, Pepi!‹

Der Pepi aber trommelte mit dem unschuldigsten Gesicht weiter. Da drückte ich meinen Löffel fest auf den Knödel und ließ ihn plötzlich ausrutschen . . . und – der Knödel flog dem Pepi mitten ins Gesicht.

Papa hat dann das weitere besorgt.«

»Da kann man wohl sagen: dunkel war die Rede – im weitesten Sinn.«

»Ja – oder Unsinn. Ich habe dann lange keine mehr gehalten; erst in der 8. Klasse, aber die hat

keine verletzenden Folgen wie Fußtritte ... etc.
... etc. gezeitigt.«

»Worüber war sie denn?«

»Geschichtliches Thema. Italien, ein Grab der Germanen.«

»Wissen Sie noch was davon?«

»Vielleicht den Anfang oder Schluß ... Warten Sie ... ja, so fing's an:

Zu jenen Völkern, die sich eine hohe weltgeschichtliche Bedeutung errungen haben, gehört unstreitig auch das Volk der Germanen, dessen Ruhm und Name der Mit- und Nachwelt wie ein stummer Herold die Geschichte seiner Nation erzählen wird, solange der Deutsche die Erinnerung an seine großen Ahnen mit dem Weihesiegel kindlicher Anhänglichkeit stempelt, solange er mit stolzer Freude die Größe und den Wert seines Volkes zu würdigen weiß. Es ist eine Kette mühsamer Kämpfe und vereitelter Hoffnungsträume, ein Heldenepos, das die heiligsten Ideale einer Nation vergöttert, Freiheit und Vaterlandsliebe.

Aus dem stillen Dämmerdunkel ihrer Wälder, wo sie mit Weib und Kind sorglos gelebt, traten sie heraus, die deutsche Scholle zu beschützen ... – «

Er hatte wie in mählichem Besinnen gesprochen; dann aber kam ein Feuer in seine Sprache, jene drängende, wühlende Sehnsucht, die des Alltags stille in seiner Seele schlief. Es kam eine Gewalt über ihn, durch die sein Menschentum zu höhern Zielen wuchs, und ein Ahnen, das seinen Worten berauschende Musik gab.

Da stand nicht mehr der schüchterne bedachtsame Assistent Bartosch – da stand: seine Zukunft.

» . . . auf den gesegneten Fluren Italiens hat so manchen deutschen Helden der bleierne Tod der Schlacht ereilt . . . Gedenken wir nur der napoleonischen Kriege, der Schlachten bei Montenotte, Milesimo und Marengo, der Feldzüge 1848, 49 und 59, die ein Ruhmesblatt in der Geschichte Österreichs bilden. Blicken wir zurück auf das Jahr 66.

Aus allen Zeiten ragen düstere Grabmäler als schweigsame Zeugen des Unterganges der Germanen in Italien empor. Vom Barbaren des Altertums angefangen, durch die endlose Reihe der Ahnen bis zum gebildeten Kulturmenschen der Neuzeit fanden alle Deutschen, die der Sehnsucht nach dem Süden ihr Ohr geliehen und dort in Krieg oder Krankheit zugrunde gingen, ein stilles, gemeinsames Grab unter wälschen Lorbeeren . . . «

Wir schwiegen eine Weile. Darauf sagte er schlicht:

»Dulce et decorum pro patria mori. – Die Jungen sind aufgesprungen und in Jubel auf mich los. Sie wissen ja, wie begeisterungsfähig ein Mensch mit 18 Jahren ist. – Es war schön.«

»Ja, wie Sie es gesagt haben, muß es zünden. – Sie können wirklich reden.«

»Das Wort ist tot, der Geist ist es, der lebendig macht.«

»Mit heiligen Dingen sollten Sie nicht spaßen und spotten!«

»Ich spotte nicht«, sagte er ernst.

»Nun, aus Frömmigkeit zitieren Sie das gewiß nicht.«

»Nein, ich bin nicht fromm. – Ich weiß nicht, warum ich die Bibelsprüche gebrauche; sie fallen mir einfach ein. Aber für einen Ketzer dürfen Sie mich nicht halten.«

Ich glaubte, daß er dieses nur aus Höflichkeit sagte, denn so viele schreien in diesem Alter gegen Gott. Darum schwieg ich.

»Ich habe nicht allen Glauben verloren.«

Und da kam eine große Innigkeit in seine Stimme. Er zog eine kleine Marienmedaille hervor und legte sie auf meine Hände.

»Die hat mir meine Mama gegeben, und ich trage sie immer – ihr zulieb.«

Ich gab ihm den kleinen heiligen Schild aus dem Herzen seiner Mutter wieder:

»Hören Sie immer, immer auf Ihre Mama.«

»Und auf Sie höre ich auch«, sagte er bescheiden. Über den Gartenweg kam meine Mutter mit dem Tee.

»So, jetzt ist er schön heiß; trink gleich.«

Bartosch redete nichts dazu, aber ich trank die braune Brühe ohne Widerstreben.

»Da ist's warm«, sagte meine Mutter behaglich, »ist schon recht, das tut ihr eh gut.«

»Ja, die Sonne! Ich habe sie immer so lieb gehabt, schon als Kind . . . Wenn sie über die Hügel gegangen ist, gerade auf die Schulfenster zu, zwischen denen die Spalierbäume wachsen; und gerade ins Herz hinein . . . «

»Ja, das ist gesund. Komm, Flockerl, gehn wir wieder.«

Meine Mutter schenkte mir alles Vertrauen ihrer Seele. Sie bewachte meine Worte und Briefe nicht; sie sah und sieht mir nur in die Augen. Und ich habe meinen Blick niemals vor ihr zu senken gebraucht. – Die Naturen der Menschen sind vielgestaltig; die eine heischt Hilfe, die andere Freiheit. Aber ich sage, den schärfsten Späherblick hätte ich eher täuschen können als das Vertrauen meiner Mutter. Es hat mich an den Irrlichtern der Jugend vorbei geführt. –

So saßen wir plaudernd unter grünem Apfellaub und horchten nach glückstiefen Wunderwelten – jedes allein. Draußen, jenseits des Fichtenzaunes, lärmten die Menschen in Arbeit und Unrast und Schweiß. Wir gewahrten es kaum, wir wußten es nicht und darum lebten wir auf einer Insel der Seligen.

Eine Sommerstunde lang.

Und als sie längst versunken war, schrieb er zu Werfen in friedvoller Nachteinsamkeit:

»Über allen Wipfeln ist Ruh . . .

Ich höre die Lieder leise herüberklingen und komme mir vor wie Hermann, nachdem er Dorothea gesehen . . . «

III.

Das Korn träumte unter schwerreifen Ähren, zum Schnitt bereit. Blaue Tage standen über roten Dächern und steifen Pappelbäumen. Und vor die graugrünen Steine des Grimming schob sich eine helle zarte Verschwommenheit.

Der Juli ging zu Ende.

Auf den Schladminger Tauern lag das Licht eine Weile nach Sonnenuntergang; im beginnenden Dämmer aber sah man zuweilen schon einen Funken über dem Abendzug wie ein verlorenes Sternlein. Flackernd eiferte ein Öllaternchen mit den sinkenden Hohelichtern.

Sommerfrischler überschwemmten den Bahnsteig mit geschwätzigen Stimmen, und der Postkarren mischte sein amtliches Poltern darunter – rücksichtslos und breit.

Nachdem ich Aida, die mit dem gutbürgerlichen Namen: Ida Müller bekannt oder unbekannt ist, also nachdem ich Aida im Gedränge entdeckt hatte, wußten wir zuerst trotz ehrlicher Freude kein rechtes Wort. Wir stritten uns der Form halber ein wenig um ihre große Schachtel und wurden schließlich wieder einig. Als wir bei der Eisenhütte standen, fing sie zu reden an:

»Ich komme immer sehr gern zu euch.«

»Wie geht's dir?«

»Ich muß dir etwas sagen.« Dieser gepreßte Klang paßte gar nicht zu ihrer sorglosen Art.

»Was Unangenehmes?«

»Ich glaube. – Nächstes Jahr komme ich nicht mehr ins Kloster.«

»Wirst du Externe?« fragte ich erschrocken.

»Nein, ich höre überhaupt auf.«

»Ja, warum denn?«

»Mein Vater sagt, es ist aussichtslos, ich werde doch jahrelang nicht angestellt.«

»Aida, tut es dir nicht leid?«

»Ja.«

»Wehr dich, wehr dich mit Händen und Füßen.«

»Nein!«

Es wurde mir weh ums Herz, aber wie sehr ich ihr auch zusprach, es blieb immer bei dem »Nein«.

»Ich kann mir dieses letzte Jahr ohne dich nicht denken!«

»Einmal müssen wir ja doch auseinander.«

»Wie du nur über alle Dinge so gleichgültig reden kannst!«

»Das ist das Beste; sonst wären wir nicht so gute Freunde – ich und du.«

Daheim warteten sie schon auf uns. Niemand fühlte Aida als eine Fremde. Gar bald saßen wir rund um den Tisch und sprachen aufeinander los, von kleinen und großen Wichtigkeiten des Lebens.

Dann kamen Höpflinger, der Aida als Bräutigam präsentiert wurde, und Küritz.

Küritz war ein gutmütiger und weichwilliger Charakter; nicht gerade ein Kirchenlicht, aber ein lieber Gesellschafter, der nie ermüdete und selten widersprach. Er benahm sich wie etwa der Held in einer anständigen Operette und war ein wenig eitel, daß er in Graz alle Wochen mit einem Prinzen Soundso Fußball spielte.

Alles in allem – ein netter Kerl.

Heute ist er aktiver Oberleutnant in einem steirischen Regiment und hat drei große Auszeichnungen. –

Als sich die ersten Begrüßungswirbel gelegt hatten, sagte ich:

»Weißt du, Aida, wir wollen Theater spielen.«

»So.«

»Und du spielst natürlich auch?«

»Ich kann nicht.«

Da brach ein Sturm der Entrüstung aus, und sie fügte sich schweigend der Stimmenmehrheit.

»Also das erste Stück ist: ›Der ungeschliffene Diamant‹.«

Höpflinger sagte:

»Aber ich mache den Baron nicht.«

»Das brauchst du auch gar nicht«, beruhigte ich ihn ziemlich unsanft. »Die Hilda ist die Baronin Immergrün; Bartosch kommt aus Werfen und ist Rittmeister von Blendtheim, und du, Aida, bist die Baronin Rodenfels; Herr Küritz ist dein Gemahl. Bitte gestatten die Herrschaften, daß ich sie miteinander bekannt mache!«

Steife ironische Bücklinge.

Dann warf jemand ein.

»Aber zuerst war es doch ausgemacht, daß Paula die Rodenfels spielt.«

»Ja, das ist nämlich so – «, sagte ich, »es geht nicht, ich mag nicht.«

»Warum?«

»Sie hat schon wieder Bedenken!«

»Es ist doch eine harmlose Rolle.«

»Sie ist eine Nocken!« lachte Hilda.

»Es geht nicht – wirklich nicht.« Ich wandte mich mit meiner Appellation schnurgerade an Aida:

»Siehst du, die Baronin Rodenfels ist eine verflossene Jugendfreundin vom Rittmeister Blendtheim, und die zwei sehen sich nach Jahr und Tag wieder, und da – müssen sie sich anschmachten. – Sei so gut und schmachte *du* den Bartosch an!«

Da setzte sich Aida ein wenig aufrecht, zog die Lippen verlegen herab und lachte ihr gutes Lachen.

»Von mir aus.«

»Du bist ein Engel.«

»Ich weiß nicht, was du gegen ihn immer hast!«

»Das zweite Stück ist das, was wir heuer im Kloster aufgeführt haben: ›Es ist ihm ein Licht aufgegangen‹; wo Magda Wachtmeister Zopf war; weißt du. – Ich mache wieder die Eulalia von Stelzenheim.«

»Na, da bin ich ja mitten in die Aristokratie hineingekommen.«

Für uns begannen nun Zeiten hingebender Kunstbegeisterung. Wir lebten in Sphären exklusiven Adels, titulierten einander mit ehrerbietigen Hauptwörtern, nähten Gewänder im Biedermeierstil und Guckerlhüte. Der Rittmeister hatte einen glänzend verschnürten Waffenrock nebst einem Infanteriesäbel und freute sich königlich darüber.

Als der 16. August ins Dunkel sank, strahlten die »Bretter, die die Welt bedeuten«, daß es eine Art hatte. Kleine runde Rosenkränzlein schmückten die weißen Wände, schwere Samtvorhänge fielen von den Türen herab, und kein Mensch würde erkannt haben, daß wir in den fahrenden Tempel der Schmiere Kirchmeier eingegangen waren, wenn es nicht jeder gewußt hätte.

So schön hatten wir diesen Tempel verzaubert. – Ich schaute durch das Guckloch hinaus wie alle echten Künstler.

In der ersten Reihe saß die geistliche und weltliche Obrigkeit von Öblarn: Doktor Fischer, der Mäzen voll Feuer und Flamme, der Pfarrer, Pater Wolfgang, und der Inspektor Treml; ferner die Haute Finance, vertreten durch Familie Schindler aus Wien, von denen ich ein goldenes Lorgnon angehängt hatte, und endlich die Baronin Enis mit ihrer Stütze Rosa.

Über die folgenden Reihen erstreckte sich das einheimische Bürgertum samt Sommergästen, die gewiß von der Überzeugung beseelt waren, daß zum Beispiel die Hofoper bedeutend höhere Eintrittspreise habe.

Dann gab es auch eine Galerie, die genauso hoch

war, daß man auch den Kachelofen als Sitz rechnen konnte.

Was nun die Künstlerschaft betrifft, kann ich ruhig sagen, daß einer schöner war als der andere, daß Küritz so naturgetreu näselte, als wäre er der blasierte Parvenü, und mit seinem Monokel nur so herummonokelte. – Als Rittmeister von Blendtheim auftrat, blieb er zunächst stecken, was aber niemand bemerkte und allgemein als eine Kunstpause galt, die hernach durch höchste Redegewandtheit ausgelost wurde. Die Sporen klangen, als hätte Bartosch sein Lebtag nichts anderes getan denn die Haken zusammengeschlagen, und Aida ließ sich von ihm in schmachtender, aber gemessener Unnahbarkeit die Fingerspitzen küssen.

Die kokette Dame Welt mit ihren scheinheiligen, feingedrechselten Lügen, die kokette Dame Welt mit geschminktem Gesicht und verborgenen Sehnsüchten zwischen roten artigen Plüschmöbeln und dürren Zimmerpalmen.

Da stand sie und log und betrog.

Aida zog rauschend die seidene Schleppe der Frau Zehtnegger nach, und Hilda brachte durch ihre harmlose Natürlichkeit und den Vetter Hans: beide bäurischer Herkunft, ihren hochadeligen Gemahl zur Verzweiflung. – Meesen tat als Baron Immergrün noch zehnmal erhabener wie gewöhnlich.

Es war zum Lachen, es war wundersam, wie sicher sie über einen Boden gingen, der ihnen nicht Heimat war. Lampenlichter und Bretter, die die Welt bedeuten!

In Öblarn erzählten sich die Leute lange davon, so gut hatte es ihnen gefallen. –

Da ich als Eulalia von Stelzenheim elegant in die Flügeltüre trat, erging es mir ganz wie Bartosch; ich blieb auch stecken; aber mit der Krinoline.

»Bon jour! Nimm mir nur gleich mein Regenparasol ab, damit ich dir mit meinem lavoir vivre zeige, wie man sein Kompliment macht.«

Außer vielen Beweisen meiner gesellschaftlichen Gewandtheit und geistigen Reife, die sich besonders durch zahlreiche verdrehte Fremdwörter äußerte, stellte ich als Gipfelpunkt persönlichen Wertes noch die kühne Behauptung auf, daß ich – Dichterin sei und in Arkadien geboren.

»Du bist Dichterin – wie komisch!«

»Nein – eher tragisch!« –

Heiliger Himmel, wie viel Ironie und Lebensweisheit liegt im Unsinn!

Mancher in den vorderen Reihen behielt das feine Lächeln – wie ich mit und ohne Lorgnon deutlich bemerken konnte –, auf der Galerie aber wurde es jetzt merklich stiller.

Es ist auf einmal der Ofensitz zu wenig hoch gewesen.

Wie wunderbar gleich sich mein Schicksal doch in allen seinen Wandlungen geblieben ist!

Ich war vielleicht die einzige, die an diesem Abende ein kleines armes Enttäuschtsein in sich barg, das Gefühl, etwas gegeben zu haben, das nur wenige genommen hatten. So ging es immer, wenn ich von dem Mosaikbild fremder Menschen in mich zurücksah. Es ist wahr, daß diese – gerade diese auf der Galerie mich zum wenigsten angingen. Aber, sind es nicht auch Menschen, mit demselben Recht auf Achtung, Hilfe und Freude wie ich!

Und eben, weil ich ihnen den gleichen Wert zuerkenne, fühle ich – unmittelbar, wie zwei gleich starke Wellen einander berühren – den Unterschied ihrer und meiner Kraftrichtung fast wie einen Vorwurf an mir.

Hie gesunde, beschränkte Bodenständigkeit –
da – traumkrankes, uferloses Heimweh.

Es ist eine Beseligung; es ist wie eine Schuld, die empfindsame Naturen in ihrem Reichtum erkennen.

Und im Grunde genommen – überflüssiges Mitleid; denn der da auf dem Ofen saß, wurde sich dieses Unterschiedes nicht schmerzlich bewußt. Mir aber war ein bitterer Tropfen aus dem Himmel der Geigen gefallen, mitten auf mein »Regenparasol«, weil ich selbst in dieser Karikatur keinen Weg zu ihren Köpfen gefunden.

Und zu ihren Herzen?

Da mag ihn die Liebe suchen. –

Allein was ich heute wie zwei grelle Farbentöne deutlich unterscheide, war in jenen Tagen nur eine dunkle Empfindung – quälend und bald vergessen.

Schon über Nacht.

Wir hatten auf unsichtbaren Lorbeeren und – weil sie ja der Ordnung halber bekanntlich immer eingenäht sind – auch auf unsichtbaren Federn geruht, uns in vollster Gala photographieren lassen und standen nun mit Ausnahme von Vetter Hans und Meesen, die daran verhindert waren, auf dem Bahnhof.

Ja, wirklich.

Wir, vielmehr die anderen vier, gedachten, nach Stein an der Enns zu reisen. Mutter hatte gesagt: »Ihr Narren!« und sodann: »von mir aus, in Gott's Nam'.«

Nur ich zögerte. Erstens, weil ich in meiner Mode entschieden unzeitgemäß aussah, zweitens, weil ich auch ein Biedermeierherz trug nebst etlichen Anstandsregeln aus dem Jahre des Heils 1850, so ehr- und tugendsamen Jüngferlein verbietet, ohne Gardedame Exkursionen zu machen.

»Sie hat schon wieder Bedenken!«

»Sei doch keine Nocken!« sagte Hilda.

»Eulalia«, beteuerte Küritz, »bei einem Sommerfest gehen die Leute doch auch im Kostüm.«

»Ja, aber im Zug!«

»Sie haben ja eh den Mantel darüber.«

»Jetzt, Paula – !!« fing Aida drohend an. »Und so ein Nest wie Stein.«

»Mehr Nest wie Öblarn.«

Mir war bitterlich zwiespältig zumute. Sie taten mir leid, wie sie alle um mich herumstanden und

bettelten. Und die Jugend regte sich, die glückselige Neigung, eine Dummheit zu begehen.
Wie es mich lockte!
Ist es eine Sünde? – Nein!
Ist es eine Narretei? – Ja! Dreimal ja.
Da sagte Bartosch mit klingendem Herzen:
»Es lebe die selige Jugendzeit!«
Und sie war mitten unter uns und trug eine goldene Krone.
Da sagte ich zu – zaghaft, aber wonnesam.
Waren wir doch Studentlein! Nicht mehr alle dem Namen nach, wohl aber mit der wunderweiten Empfindsamkeit unseres Gemütes. Und heute – nachdem ich so viele blutwarme Tränen geweint, so viele Nächte über zerstörten höchsten Hoffnungen vertrauert habe, heute weiß ich, daß ich recht daran tat, einen blauen Sommertag mit unschuldigen Toren zu gehen und selber einer zu werden – so lange es noch Zeit war. –
Wir stiegen ein – nicht viel Geld im Sack, aber Fahrkarten erster Klasse! Ein paar Fenster taten sich auf; ein paar Menschen sahen staunend und in lächelnder Güte. Waren sie doch auch einmal jung gewesen.
Sporenklirrender Rittmeister – Dame mit seidener Schleppe! – Und aus meinem Mantel schimmerte ein himmelblaues Band vom Guckerlhut!
»Ah – ein Volksfest!« sagte jemand.
Küritz nickte ungemein selbstverständlich; heimlich aber prahlte er:

»Ganz, wie ich prophezeit habe!«

Nach zehn Minuten war die Fahrt in roten Samt-
sitzen leider zu Ende.

Herr Gugu, Restaurateur in Stein an der Enns,
schaute mit seinen zwinkernden Äuglein nicht
wenig, als er solch auserlesene Gesellschaft sah.
Herr Gugu kannte uns heute gar nicht. Er riß
die Türe zum »Salon« weit auf und verbeugte
sich respektvoll:

»Die Herrschaften wünschen?«

»Na – äh!« näselte Küritz, »äh, Jause; sind Sie
darauf eingerichtet?«

»Bitte sehr! Alles: Kas' – Käs', Schinken, Sala-
mi, Knackwurscht – «

»Wollen wir uns zunächst setzen!« bat Rittmeister von Blendtheim die Damen vornehm. Dem
Gugu blieb der Mund offen stehen, da er mittlerweile meine himmelblaue Pracht sah.

»Die Herrschaften habn a weite Reis' hinter
sich? – Ich war a schon öfters in Wien, Triest
und so umeinand – .«

Aber so was ist mir noch nicht untergekommen
– mag er im innersten Herzen dazugedacht haben. Vielleicht hielt er uns für – Chinesen! Wir
hatten nicht die leiseste Absicht gehabt, ihn irre-
zuführen; nun aber kam es unausgesprochen
über uns – wie eine brennende Versuchung.

»Zunächst kommen wir von Bischofshofen«, er-
klärte Bartosch.

»Ah! – Der Herr is beim Militär?«

»Rittmeister von Blendtheim.«

»Ah. Freit mich. Mein Name is Gugu.«

»O bitte, Herr Gugu, was haben Sie auf Vorrat?« fragte Hilde.

Er stutzte bei dieser Stimme, fing aber dann arglos zu reden an:

»Bitte sehr! Käs – Schinken, Butter . . . «

»Also dann fünfmal Aufschnitt; paar Flaschen Wein, nicht wahr.«

»Aufschnitt ist das rechte Wort«, lachte Aida; »Sie, Herr Bartosch – «

»Pst.«

» – Herr Rittmeister, Sie haben gesagt, daß wir von Bischofshofen kommen, unser Zug ist aber von unten.«

»Donnerwetter!«

»Das geht gut an!« Ich taute langsam auf. »Der arme dicke kleine Gugu wird noch ganz blau.«

»Er lebe hoch! Ich habe eine Stimmung, die mir um 1000 Gulden nicht feil ist.«

»Liebe Baronin«, fragte Küritz, als der Wirt nach einer geschlagenen Viertelstunde zurückkam, »finden Sie die Gegend nicht bezaubernd, äh?«

Sie schloß die Augen ein wenig und hauchte sentimental:

»Entzückend!«

Gugu servierte Speise und Trank und sprach dabei:

»Wollen S' Ihnen länger da aufhalten?«

»Ich und meine junge Gemahlin suchen Sommerwohnung.«

»Fir heier noch?«

»Nein, für nächstes Jahr, nicht wahr, liebe Eulalia?«

Ich war wirklich sehr erstaunt, daß ich auf einmal Frau Rittmeister geworden, aber ich faßte mich und sagte gnädig:

»Haben Sie im Hause Platz? Wir möchten den ganzen ersten Stock mieten!«

»Äh, nur den obern Stock«, murmelte Küritz aufgeblasen.

»Wollen S' Ihnen die Wohnung anschaun?«

»Bemühen Sie sich nicht, Herr Wirt, es hat Zeit!« Ich sah durch mein Lorgnon. »Können Sie mir vielleicht sagen, wie dieser Berg heißt?«

»Grimming.«

»Kolossal, ja, äh«, näselte Küritz.

»Wir wollen uns das zunächst noch überlegen, nicht wahr, liebe Eulalia.«

Ich nickte und wandte mich dann an Küritz:

»Baron, was sagen Sie dazu?«

»Ah, kolossal einsam.«

»Aber die Herrschaften habn die schönsten Ausflüg; zum Beispiel in anderthalb Stunden sind S' in Öblarn, mit'n Zug in zehn Minuten«, ermunterte Gugu von neuem.

Hilda würgte schon sehr merkwürdig mit gesenktem Kopf; sie konnte nichts mehr sagen. Aida hantierte auf ihrem leeren Teller mit Messer und Gabel herum und starrte dabei krampfhaft in den Grammophontrichter. Das bemerkte Gugu und sagte feinfühlig:

»Wollen S' vielleicht a Musi?«

»Äh, ja, die Baronin ist sehr für Musik.«

Der kleine dicke Rudolf Gugu und sein Grammophon taten ihr Möglichstes für die vornehmen Gäste, ihr Menschenmöglichstes, das muß ihnen der Neid lassen; umso mehr das Wohlwollen, eine Tugend, die wir alle schon in hohem Grade besaßen. Wir ließen einander samt dem freundlichen Wirte hochleben und hatten eine helle Kinderfreude an unsern Torheiten. Gugu blinzelte schalkhaft aus seinen Schlitzäuglein und konnte sich von uns nicht trennen. Nur mit den leeren Tellern ging er hinaus.

»Ich weiß was«, begann Hilda geheimnisvoll, als kaum die Türe zu war. Sie hat den Unternehmungsgeist unsres Vaters geerbt und ist immer ein wenig großzügig. »Ich weiß was – wir nehmen einen Wagen zum Heimfahren!«

»Vortrefflich, liebe Baronin Immergrün«, jauchzte der Rittmeister.

»Haben wir genug Geld?« fragte ich.

Küritz setzte das Monokel auf und zählte seine Barschaft; wir desgleichen, aber ohne Monokel. Da erfaßte uns jäh eine betäubende Erkenntnis, der Bartosch im Namen aller Worte gab:

»Es wird – an sich kaum reichen.« Doch er sagte es mit nobler Geringschätzung, als hätten wir irgendwo im Hintergrunde etliche Millionen.

»Siehst du, Paula, weil du dich zuerst so gewehrt hast, haben wir vor lauter Zureden aufs Geld vergessen.«

Die gute Seele Aida sprang mir bei dieser schwe-
sterlichen Anklage allsogleich bei:

»Wer hätte denn gedacht, daß wir uns in solche
Ausgaben stürzen!«

»Standesgemäße Ausgaben, äh.«

»Aber den Wagen nehmen wir, jetzt ist's schon
gleich, ob wir mehr oder minder zu wenig haben.«

»Es lebe die Baronin Immergrün!«

»Sie lebe hoch!«

»Hoch, hoch!«

»Und, wenn wir in Öblarn sind, zahlen wir dem
Kutscher die ganze Rechnung.« Hilda entwik-
kelte alle ihre praktischen Talente.

»Meine Gnädige, äh, wird uns der Herr Gugu
soviel Vertrauen schenken?«

»Da hilft nichts«, murmelte sie gemütlich, »wir
müssen Farb' bekennen und sagen, wer wir
sind.«

»Das ist leichter gesagt, als getan«, seufzte Aida.

»Übrigens, er zweifelt schon ein bißchen.«

»Wirklich?«

»Nicht möglich, äh.«

»Lieber Baron«, sagte ich, »ich glaube, Ihr ehe-
maliges Uhrglas schützt Sie vor allzu scharfen
Betrachtungen!«

»Meine Gnädige!« tat er gekränkt.

Da ging die Türe auf.

»Haben Sie die Rechnung mitgebracht, Herr
Wirt?«

»Jawohl, bitte sehr!«

Wie ein vorsintflutliches Dokument betrachteten wir den Zettel in unserer Mitte.

»Wann geht der Zug nach – hinunter?« fragte Bartosch, obwohl er es sehr gut wußte.

»So um sieben.«

»Das ist zu spät, nicht wahr, liebe Eulalia?«

»Ich hab g'meint, die Herrschaften sind von Bischofshofen; der Vier-Uhr-Zug is grad vorbei.«

»Das heißt – «, warf ich ein.

»Zunächst – «

»Äh . . . ja hm . . . «, ächzte Küritz, und diesmal klang es ungekünstelt.

Alles an Herrn Gugu atmete Hochachtung. Die Serviette hing ihm ehrerbietig über den Ärmel, und seine kurzen dicken Fingerlein schmiegten sich davor ineinander. Die Äuglein aber zwinkerten und lachten.

»Die Herrschaften kommen mir bekannt vor . . .«

»Freilich«, sagte Hilda resolut. »Wir zwei zum Beispiel sind Grogger aus Öblarn.«

»Eisengrogger?«

»Ja.«

Wir atmeten auf. Keiner sonst hatte den Mut gehabt, unser Lügenmärchen zu opfern.

Herr Gugu lachte aus vollem Herzen.

»G'spaßvögel! Wo haben S' denn nachher das G'wand her?«

»Das G'wand wär das wenigste«, sagte Bartosch treuherzig, »aber das Geld!«

»A so – brauchen S' an Kredit; da fehlt si' nix: Wir werden schon gleich werdn.«

»Ja, ein' Kredit und einen – Wagen nach Öblarn hinunter.«

Der dicke Herr Gugu erfüllte uns denn gefälligst auch diesen Wunsch. Noch einmal spielte das Grammophon, noch einmal klangen unsere Gläser in silberheller Harmonie. Dann stiegen wir ein.

Und eine Königin war mitten unter uns und trug eine goldene Krone.

Unter dem Haustor aber stand Herr Gugu und winkte mit seiner schneeweißen Serviette.

Ein Ruck – und die Rappen zogen . . .

Ein Liedlein ist hoch ins Blaue geflogen:

»Es lebe die selige Jugendzeit! . . . «

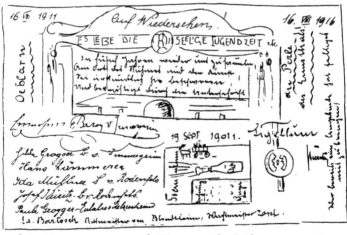

Vor dem Schicksal

1912 — 1914

Diese Urkunde samt Schreibfehlern habe ich in den nachfolgenden zwei Jahren manchmal angesehn und dabei den Kopf geschüttelt. Nein — es würde für diesen Verspruch keine Erfüllung kommen. — Wie weit liegen die Tage zurück, wo wir ein närrisches Völklein, einig und sorglos waren. Wir alle sind indessen zu Menschen gereift mit eigenen Pflichten und Zielen.
Das dachte ich . . . und seufzte ein wenig dabei. Es fing nicht leicht an für mich, das Leben. Nach einem gottseligen Jahr der Schulmeisterei zu Wörschach, das mir glücksklingend und unvergeßlich bleibt, wirtschafteten meine arbeitsscheuen Hände, die so gern über die Buchstaben der Fibel fuhren, mit Kochlöffeln herum, und die Seele irrte wie ein Stiefkind durch den Küchenrauch und stöhnte oft abgrundtief . . . bis zur Verzweiflung. In diese harte Schule war ich zwar freiwillig eingegangen — meiner kranken Mutter zuliebe —, doch zu meiner Schande sei's gesagt: ich habe die Eigenart, großwillig dem

Herrn ein Opfer anzutragen und dann . . . kleinmütig darunter zu zerbrechen, und habe darum die Pflicht, die mein Ich schier bleiern erdrückte, nicht immer geduldig und schweigend getragen. Allein . . . wenn der Abend kam und alle nüchternen Geräusche des Tagwerks müde verstummten . . . dann wachte meine Seele auf und schrieb »das Märlein des Narren«.

Diese Geschichte ist aus meinen tiefsten Tiefen aufgestiegen, ist ein Weinen, das ich in die lebendige Nacht gesungen habe . . . Mag es unreif, mag es lächerlich sein; ich habe es nicht geschrieben, um müßigen Menschen die Zeit zu vertreiben, ich habe es Tropfen für Tropfen aus meinem Herzen gelebt – um die heimatlose Sehnsucht zu erlösen.

Und wenn die Mitternacht sich düster und schlaftrunken an meine Seite setzte, löschte ich das Licht aus und erzählte ihr von meinem Himmelreich. Und ich fragte sie:

»Glaubst du, daß ein Mensch wie Christl über die Erde geht?«

»Warum nicht?«

»Glaubst du, daß ich ihm jemals begegne?«

Da zuckte sie die Achseln . . . und schwieg.

»Es müßte ein Stiller sein, der ein reines Herz hat, ein großes Herz für das Heiligste, was auf der Welt ist . . . es müßte ein Reicher sein, der nicht um Güter fragt . . . und ein Armer, der in Einfalt wandelt . . . «

Da nickte die Mitternacht.

Ich dachte an alle, die an meinem Wege gestanden . . . an die erste lohende Flamme des Lebens, die ich mit Herzleid und großen Worten überwunden habe. War es ein Opfer?

Da lächelte das tiefe Dunkel neben mir – ich fühlte es.

»Du selber bist wider ihn gewesen, denn nicht Gott noch Menschen haben ihn dir versagt.«

»Vielleicht . . . «

»Nicht vielleicht. Du sonderst wie ein Arzt und betrügst dich wie ein Sophist . . . um ihrer Klugheit . . . wohl auch um ihrer Narrheit willen . . . und das nennst du Liebe. Du zergliederst dein Empfinden bis in die kleinsten Regungen und übertreibst seine Kraft. Manche denken zu wenig . . . du denkst zu viel über dich nach.«

»Wem schadet es, wenn ich mein Herz so tief verschlossen habe . . . Und warum sollte ich es lassen?«

»Du mußt es nicht lassen. Im Irren lernst du unterscheiden . . . Solange du dich selber suchst, hast du geträumt – gedichtet in diesen Menschen, aber keinen hast du geliebt.«

»Einen.«

»Und welchem von ihnen unterwirfst du vertrauend deinen Willen . . . welchem würdest du dienen, auch wenn er ein Krüppel und ein Bettler wäre?«

Mit einer kleinen unbarmherzigen Lanzette zerschnitt ich in Selbstverfolgung die goldenen Fäden, damit die Bilder meiner Welt verschleiert

waren, und die stille Mitternacht fragte noch
einmal mein Herz:

»Wem bist du zu eigen?«

»Keinem.«

Über der Liebe ist nichts . . . denn Gott. Ich
verstand es nicht, doch ich ahnte, daß sie unendlich heiliger ist vor dem Herrn als in den profanen Augen der Menschen, die damit spielen,
rechnen und sündigen . . . Ich ahnte, daß sie
über den Geschlechtern steht wie ein weißes
Feuer, wie ein urferner, allerletzter Stern, den
nur die Flügel der Seele berühren dürfen.

So saß ich mit brennenden Gedanken, und die
Mitternacht strich über mein Haar und ihre erloschenen Augen maßen die zuckende Arbeit meines innersten Lebens.

So schrieb ich mit jedem Herzschlag die Geschichte eines Narren.

»Es ist keiner so . . . «, grübelte ich wieder . . .

»Vielleicht . . . ?«

»Der eine ist klüger und hat seine Weisheit ver-
raten . . . der eine ist ehrgeizig . . . oder leichtsin-
nig oder unwahr . . . verlottert . . .

Am nächsten steht ihm noch Ludwig Gindl,
aber Ludwig Gindl hat nie gesucht . . . Ihm kam
die Gnade von selber . . .«

Auf einmal sah ich Eduard Bartosch vor mir, ich
weiß nicht, warum.

Ich mußte über diesen Einfall bitter lachen. Nein
– er und der schwerfällige Bauer schlossen sich
aus für immer und ewig. Bartosch, der jetzt zu

Murau den Frauen den Hof machte, der sich vom wilden, verlogenen Taumel das Herz berauschen ließ und alles eher suchte denn Wahrheit.

War er nicht auch einst ein Dürstender gewesen? Schier kam mir ein Gedanke daran, aber vielleicht hatte das seltsame Feuer in den seltsamen Augen getrogen, vielleicht hatte nur ich es gesehn, weil ich es wünschte. Damals auf den Brettern der Schmiere Kirchmeier war es Spiel gewesen . . . über Jahresfrist war es Wirklichkeit geworden: er stand vor der koketten Dame Welt mit weißen Handschuhen und glutwarmen Blikken . . .

In meinem Herzen aber lebte einer, den ich niemals gesehen . . . einer, der todmatt . . . sehnsüchtig und rein durch die Wüste gegangen. Ich sah es, wir waren zu Menschen gereift, mit eigenem Wandel und Ziel.

Eine Silvesternacht hatte uns zusammengeführt, eine Silvesternacht hatte uns – geschieden.

Ich höre den Klang meiner Stimme noch, wie sie mit großen Theorien hart und sicher gegen ihre Widersacher fuhr, »geistreich« aus Idealismus – und Eitelkeit. Was andere mit einem hübschen Gesichtlein tun, tat ich mit dem Verstand: ich kokettierte.

Es ist tausendmal besser, einen Menschen zum Denken herauszufordern als zum Lieben, allein, es war dennoch nicht gut, weil es aus Selbstgefallen geschah.

Bartosch hörte eine Weile abseits zu und kam einmal zu mir.

»Paula, heute haben Sie kein Wort für mich?« Er sagte es sehr bescheiden, fast schmerzlich, in mir aber stieg der Hochmut, der Dünkel, der Weihrauch aller Eigenherrlichkeit auf:

»Ich rede, mit wem ich will!«

Mein Freund sagte kein Wort darauf; er sah mich mit einem seiner allertiefsten Blicke an und ging.

Heute noch irrt eine arme alte Reue traurig durch mein Herz, wenn ich denke, was ich ihm getan. Es ist die einzige große Schuld vor ihm, und sie hat sich tief in das Vergangene gegraben, vielleicht auch in die Zukunft.

Als uns der Morgen des Jahres 1912 zerstreute, sagte Bartosch:

»Ich möchte gleich Abschied nehmen, ich fahre mit dem ersten Zug.«

»Warum?«

»Es geht nicht anders.«

Ich gab ihm meine Hand. Er hielt sie ganz ruhig, als wäre nichts geschehn.

»Leben Sie wohl.«

Er trotzte nicht – er ging nicht, mit Gott und der Welt zerfallen, im pomphaften Gedanken, daß er unglücklich geliebt.

Eine klingende . . . goldene Saite war auf der Laute unserer Jugend zersprungen, und ein Mensch, dem ich die Königsschätze seiner Seele gehütet . . . sagte sich los.

In jener Stunde und noch viele Wochen danach hörte ich es nicht . . . so stille war er gegangen. Auch zu Ostern hatte ich keine Frage nach ihm. Ein einziges kleines Wort füllte meine Zeiten aus. Das Wort meines Vaters.

Was einmal mit den weißen Rosen des Christmorgens zagend, sehnsüchtig und licht aus der Erde gestiegen, kehrte gebrochen zu ihr zurück – als Frühling war und Karfreitag.

Grau hingen die Wolken über dem Dorfplatz, und ein Drängen lag in der Luft, als müßten bald die schweren Falten zerreißen und goldener Schein durch die Täler gehn. Die Glocken waren stumm, und hinter den verhängten Fenstern der Kirche brandeten die leidenschaftslosen Wellen der Betstunde eintönig und geduldig an den Altar.

Diesseits aber ging dieweil mein Bitten in Trümmer.

»Grogger«, sprach der alte Fischer so laut, daß die große Stille darüber erschrak, »Grogger, laß sie studieren!«

Mein Vater pfiff ganz leise und schaute auf den Telegraphendraht. Ich schwieg schon längst und wußte, daß nichts mehr zu reden war, wenn mein Vater einmal gepfiffen hatte.

»Schau, sei gescheit! Laß sie; es wird dich nicht reuen. Wenn ich zehn Buben hätte, es müßte ein jeder Doktor werden.«

»Ja – du.«

»Und du hast nur zwei Mädeln.«

»Ja . . . eben.«

»Gelt, du laßt sie?«

»Nein!«

Das ist das Wort, das ich meine.

Der alte Fischer hatte nasse Augen und ein hochrotes Gesicht. Er ging.

Diesen Karfreitag habe ich lange nicht verwunden. Heute aber grolle ich meinem Vater nicht mehr.

Es ist Gottes Wille gewesen.

Als ich im Hochsommer mit meinem Maturazeugnis heimfuhr, stand in Werfen niemand, der mir Glück wünschte und ein drollig treues Wort zum Geleite gab.

Bartosch war in Meran.

Ein halbes Jahr lang trotzte ich: es ist auch recht.

Ein halbes Jahr lang wunderte ich mich: ich habe ihn verloren.

Ein halbes Jahr lang sagte ich leise: es ist meine Schuld.

Und als diese drei Zeiten um waren, legte ich sein Bild friedsam zu meinen Erinnerungen und meinte: alle fröhlichen und alle seligen Tage waren wohl ein Märchen,

alle heiligen Flammen, die ich in seinen seltsamen Augen gesehn, sind nicht wahr.

So stand es, als meine Hände müde über dem Märlein ruhten und die Mitternacht mit erloschenen Augen bei mir wachte.

Die Welt war im Schnee und träumte gleichförmig dahin.

Der Nachtwächter sah keinen Kometschweif, und die Sterne gingen wie seit der Welterschaffung. Und selbst die Frau Prünster, die alles weiß, wußte nicht, was dieses Jahr an Großem und Schmerzlichem bringen werde. So unscheinbar schlich es in das Dorf.

Anfang Jänner rüstete ich zu einer Reise nach dem Semmering, um Hilda in ihrer neuen Heimat aufzusuchen. Ehe ich fortfuhr, brachte der Vorstand eine Neuigkeit.

»Fräulein, wissen Sie schon? Bartosch hat sich nach Stainach versetzen lassen.«

Ich wunderte mich nicht wenig darüber. Und ich wurde jeweils das Staunen nicht los, als ich längst schon in den Familienkreis Höpflinger eingereiht war, der ohne mich durch drei fixe Punkte bestimmt wurde.

Ich wunderte mich, dieweil ich den kleinen Buben in den Schlaf wiegte oder mit seinem Herrn Vater über Martin Luther stritt.

War es nicht seltsam?

Und wenn wir über die verschneiten Wege des Passes wanderten und weit unter uns ein Bobschlitten grell und scharf in die Kurven schnitt, so mutete mich die Nüchternheit dieser blaugefrorenen Gesichter unsagbar fremd und feindlich an. Wie arm und schwerfällig stand ich vor einem kühnen Willen, der selbst das Leben dransetzte, Sieger zu werden. Unten in Schottwien, wo der Totalisator steht und ein Berichterstatter der Sportzeitung.

War es der Neid vor Gesunden ... Wagenden – vor Herrschernaturen? Oder war es das Mitleid mit ihnen?

Ich weiß es nicht.

Ins Foyer der wirtlichen Paläste krachten sie mit schweren Schuhen hinein ... mit nachlässigen Gebärden und einem Blick, der die Welt als Eigentum erfaßte – und übersah.

Das ist die neue Zeit.

Daneben die alte, die immer bestand, seit es Überwinder und Bedrückte gab. Und ihre Menschen messen einander fühlbar in kostbaren Pelzen ... in Zurückhaltung und Wohlgerüchen ... Sie überschwätzen das Orchester in den gläsernen Sälen mit halblauten Redensarten – teilnahmslos ... elegant und übersättigt.

Da mußte ich denken: es ist Herberge und Glückseligkeit, die er sich erwählte.

Warum ging er?

Solche Nächte hat er viele gelebt, wie ich eine einzige: unter blendenden Lüstern, unter schwellendem Duft der Hyazinthen, unter wiegenden Weisen, die unsre Seele in einen Wirbel ziehen.

Fühlte es auch er?

Wie dieser pomphafte Karnevalstag uns umkreist ... betäubt ... und mit aberhundert zuckenden, gebrochenen Farben vorübergleitet.

Ich habe im lautesten Lärm fast nur Larven gesehn; und wenn mich einer fragte, wo ich Menschen gefunden, so sage ich: die guten in stillsten, glücklichen Tagen, die besten an meinem Bette, wenn ich in Schmerzen nach innen schrie. Ein großes Gedenken an den Semmering ist mir unauslöschlich geblieben . . . ein Bild.

Es wird Abend jenseits der Paßhöhe. Die Sonne ist in die blauen Wälder der Steiermark eingegangen, und über den Neuschnee zittert das seidene Netz der Dämmerung. Die glänzenden Serpentinen und die schwarzhöhligen Viadukte löschen im Dunkel aus . . .

In fernen Gebirgsketten aber hellen sich die Hänge und über ihnen . . . über dem Dunstkreis des sinkenden Tages steigen die verschneiten Schrofen der Rax empor, von rosenrotem Schein umstrahlt, als sei das letzte flammende Licht auf ihren einsamen Feldern . . . glückselig erfroren. Dieses war meine Winterfahrt in die Welt und sie hatte einen schönen Ausklang.

Zu Graz troffen die Häuser schon im Tauwetter, und die Bäume des Stadtparkes ließen den weichen Schnee aus ihren Fingerlein fallen.

Der Himmel lag still und grau über dem einunddreißigsten Jännertag. Mit diesem denkwürdigen Zeitpunkt in der Weltgeschichte ging der mütterliche Urlaub und das entsprechende Geld aus. Daher geschah es, daß ich meinen Schwager mit dem qualvollen Mißbehagen eines unbescholtenen Menschen von Stunde zu Stunde fragte:

»Haben wir noch genug zum Heimfahren?«

Alle guten und bösen Worte des Schullehrers Franz Höpflinger konnten mich nicht beruhigen; es mußte ein Größerer kommen, und er kam:

Ludwig von Beethoven.

Genau gesagt, gingen wir zu ihm. Er war über den Rampenlichtern und lebte. Mit der profanen Sorge meiner Seele saß ich eine Weile vor dem Meister ... vor seinen Geigen ... vor seinen Flöten und allen leidtiefen grollenden Stürmen, die aus finsteren Winkeln sich zur Befreiung wälzten.

Dann ... dann aber schaute ich ...

Nicht seine Oper ... Ich bin vor diesen übergewaltigen Tonschöpfungen taub und fremd und weglos.

Ich schaute ... Ludwig von Beethoven ... in seiner erschütternden Kraft ... schwerweinend, zerbrechend und unbeugsam, wie er im Bluten seines innersten, höchsten Lebens Tropfen für Tropfen ... Laut um Laut von sich losreißt – in die Unendlichkeit hinein.

Kein Lachender, der mit Kinderschritten auf ewigen Sternen geht ...

kein Heiliger, der in süßer Verzückung über einer Orgel betet ...

kein Sünder, der in schreienden Akkorden seine schreienden Begierden begräbt ...

Ludwig von Beethoven, du einziger, in dem meine Armut ahnen kann ... du heimatloser Kämpfer von Gottes Gnaden!

Als ich am nächsten Tage wieder die grünen Tauern sah und den winterweißen Grimming, als ich meine liebe Mutter grüßte, hatte ich keinen Gulden mehr. Und dennoch war ich um vieles reicher geworden.

Um diese Zeit kam Eduard Bartosch wieder ins Ennstal. Dem ersten Wiedersehen bangte ich entgegen, vielleicht, weil er in Enttäuschung von mir gegangen, vielleicht, weil ich fürchtete, er habe sich zu sehr verändert.

Er hatte Onkel Fritz seinen Besuch angesagt und erschien denn auch an einem freundlichen Sonntag im Nachwinter. Von der Terrasse herab sah ich ihn kommen in einer dunkelblauen schmucklosen Eleganz nach dem Kodex des Meraner Salons.

Ja, ja ... eine Vorliebe für derlei war ihm damals schon eigen gewesen! Ich mußte ein wenig lächeln. Wie beharrlich die Entwicklung auch des äußern Menschen fortschreitet! Und es tat mir fast weh, weil ich in seinem Hang zu peinlichster Sorgfalt etwas wie Eitelkeit sah. Ich hielt ihn für oberflächlich.

Seitdem habe ich viel, viel über sein Wesen nachgedacht und erkennen gelernt, daß ich mich darin geirrt habe. Die meisten Menschen fangen tief innerlich an, groß zu werden; zum Beispiel der Oberlehrer von St. Martin unter einem verschlissenen Rock. Eduard Bartosch machte es umgekehrt; soweit ich es beurteilen kann, begann es mit einer lila Krawatte und fein gefältelten Sacktüchlein. Darin schlief noch die Regung seines künstlerischen Schönheitssinnes.

Kraft seiner Begabung hätte er Maler werden können. Ich denke da an die Zeichenstudie eines Mohrenkopfes, die ich einmal gesehn habe. Seine ehrfürchtige Liebe zu aller Formenharmonie, zu allen vielfältigen, einigsten Tönen in der Weltschöpfung war der erste Trieb, der die Sehnsucht nach Höchstem erweckte, wenn er auch nicht fragte, was es sein werde.

Schönheit führt zur Liebe und Liebe zum Opfertum.

Allein, das wußte ich zu jener Zeit nicht, als ich ihm ein wenig schüchtern die Hand zum Gruße gab. Ich erkannte, daß die Eigenschaften seines äußern Ich ausgeprägter – seine ruhige Sicherheit Weltschliff geworden. Er war nun ein Mann, der einmal auf dem Gartenzaun gesessen und mit den Beinen geschlenkert hatte.

Es machte Eindruck auf mich, denn nichts ist mir an einem Menschen mehr zuwider, der mitten in Jugend, in Kraft und Kampf steht – als Hilflosigkeit. Und zugleich ward ich traurig . . .

Alter Kamerad und verklungenes Kinderlachen, dem noch ein kleiner Garten genügte. Denn für das Heiligtum unsrer teuersten Gedanken ist auch ein kleiner Garten genug.

Ferne Tage lebten wieder auf, und im Erzählen schwand alles Fremdsein. Und seine Worte mochten wohl reifer geworden sein . . . bewußter ... männlicher; das Herz, das sie gebot, war seiner stolzen Schüchternheit getreu geblieben. Ein merkwürdiger Mensch, dieser Eduard Bartosch!

Es waren friedsame Frühlingswochen.

Gern kam er von Stainach auf ein Weilchen zu uns, um mit Onkel Fritz Klavier zu spielen, mit Tante Julie seine Lebenserfahrungen zu besprechen und mit mir – alles zu teilen, was schön war.

Wie auf unsern Halden noch der Schnee in harten verwaschenen Krusten hing und den Weiden silberweiße Pfötchen wuchsen, wie Frau Sonne schon mit heißgoldenen Rädern über die Felder fuhr und erweckte ...

legte er Blumen in meine Hände und darüber ein violettes Band.

Und sprach vom gnadenreichen, fruchtgesegneten Wälschtirol, wo der Wein an den Hängen rankt, wo die Myrten blühen und dunkelblaue Seen zwischen tausend, hunderttausend dufthauchenden Blüten ... auf ein Märchen warten.

Vom Süden, der das Herz lockt ... lockt ... immer weiter, bis über die rotleuchtenden Berge, dahinter die Rosen nicht sterben ... noch weiter bis zu den glänzenden Kronen der Lorbeerbäume.

Und er sprach, daß er geliebt.

»Sie war ein junges Polenmädel ... süß und beweglich, das kastanienbraune Zöpfe hatte und ein schönes Gesicht. Sie sah mich gern. Und ihre

Mama wollte, daß ich mein Handwerk an den Nagel hänge und auf das Gut in Galizien gehe. Sie ist das einzige Kind, das braune Mädel.

Sie wissen, Paula, daß ich in meinem Beruf nicht gerade überglücklich bin; wer ist's überhaupt? Ich fing zu denken . . . zu rechnen an. Es stimmte doch nicht ganz. Warum weiß ich nicht. –

Ich fühlte, daß es nicht die Eine ist, und verlor das Polenmädel und das Polenland . . .

Und dann . . . sehen Sie, ich will nicht besser gelten . . . ich war nicht besser als viele andere, die jung . . . so jung sind . . . «

Ich schwieg. Ich habe an seinen Sünden und Sehnsüchten niemals mit krassen Worten gerührt; mochte er bekennen – und es war gut –, auch richten sollte er selber, frei und unabhängig.

Ich habe nur stille seiner Seele heiligstes Geheimnis gehütet im treuen Miterleben seines innersten Werdeganges.

Einmal – viel später hat mir jemand eine giftige Lüge ins Ohr gezischt. Ich habe sie geglaubt und habe geschwiegen. Eduard Bartosch hat nie einen Vorwurf von mir gehört. Nach bitteren Kämpfen habe ich ihm eine Schuld vergeben, die er nie begangen.

Das weiß ich erst heute, wo es zu spät wäre, Groll und Hader auszulöschen. Dieses aber gehört schon in die Zeit, da ich ihn liebte.

Die Zeit war noch nicht, als er im Nachwinter des Ennstals von der überströmenden berau-

schenden Kraft des wälschen Frühlings erzählte
. . . von Jugend . . . und Liebe.

Und dann schwieg. Er redete mit den Worten
der Seele, und ich hörte ihm zu. Ich verstand
seine Geschichte. Das Weinen und Lachen, das
innerste Empfinden ist in verwandten Menschen
gleich; wenn wir auch ihre Sprache zuweilen
nicht hören oder die Laute ihrer Sprache uns
fremd und inhaltslos sind.

Und er schwieg:

»Meine Seele ging von Jerusalem nach Jericho
. . . Sie ging mit den leichten erdflüchtigen
Schritten eines Kindes. Es war früh in der Zeit
. . . dann und wann faltete eine Rose ihre Blätter
zögernd auseinander und schloß sie wieder.

Als die Sonne noch einen Steinwurf jenseits der
Hügel war, kam eine große Herde Menschen des
Weges. Es waren seltsame farbenfrohe Gestal-
ten, wie sie an großen Festen über die Erde wal-
len, mit Edelsteinen und hoffärtigen Federn, mit
Essenzen und Weihrauchwolken. In glänzenden
Sandalen tanzten sie lächelnd dahin, und das
Rauschen ihrer Kleider betäubte das Singen und
Weinen. Denn manche von ihnen waren voll
Trauer.

Alle aber erschienen so schön, daß meine Augen
geblendet wurden. Zitternd fühlte meine Seele,
wie unbeholfen sie vor ihnen stand, und schämte
sich ihrer Einfalt.

›Ihr seid reich und vornehm‹, sagte sie.

›Willst du mit uns sein?‹

Da wurde ich rot vor Eitelkeit und ließ mich von ihnen schmücken. Sie waren gut zu mir, und ihre Lobsprüche klingelten wie Schellen im Winter – hell und hohl. Die wunderlichen Menschen hatten tönende Harfen und Geigen. Allein sie hörten nicht darauf, sondern dachten: wie schön doch unsre Federn und Edelsteine sind! Sie setzten einander Kronen auf das Haupt, und jeder prahlte dabei: ich bin der Größte. Sie warfen blinkende Denare auf den Weg und fragten mich: hast du es gesehn?

In der Zeit aber, als die Sonne schon einen Steinwurf jenseits der Hügel war, geschah es, daß sie in seidenen Gewändern schier erfroren.

Da zündete ich den Herd meines Herzens an.

›Ich habe nicht kostbare duftende Öle und ich habe keinen Denar. Ich habe nichts Besseres denn mich selbst. Nehmt mich! Ich will euch treu sein – ich will euch an meiner Liebe erwärmen!‹

Da lachten sie laut und verächtlich und gingen davon. Von allen blieb mir kein Freund zurück. Da wußte die Seele, daß sie unter die Räuber gefallen war . . . «

Als mein Kamerad seine Geschichte zu Ende gesonnen hatte, sprach er leise und scheu:

»Und nun bin ich wieder da.«

Eduard Bartosch hatte sich heimgefunden.

Über mich kam eine große Schwermut und Unrast. Das ist jedes Jahr, ehe der Lenz mit Stürmen und Licht die Erde erneuert hat. Ich muß an den Tod denken ... ich muß das Leben so flammend lieben, als sollte es bald verloren sein. Schluchzendes Vorweh ... Tag und Nacht ... Die Hände breiten sich verlangend nach den durchsichtigen blauen Tagen aus, und die Pulse schlagen wie ungestüme Hämmerlein:

Wie lange noch? ... wie lange noch ... ?

Da sagte ich nach ruhlosem bangen Grübeln:

»Ich muß Arbeit haben. Daheim braucht mich niemand mehr. Ich muß gehen, sonst erdrückt es mich.«

So bat ich den Inspektor um eine Stelle.

Bartosch wunderte sich über diesen Entschluß, und er kränkte ihn ein wenig.

»Nun werde ich Sie selten zu sehen kriegen.«

»Ich komme ja öfter nach Öblarn.«

»Warum gehen Sie überhaupt fort?«

»Ich weiß nicht – ich brauche Arbeit.«

Er sah mich nachdenklich an. Plötzlich fragte er:

»Sie schreiben an einer Dichtung, nicht wahr?«

»Woher wissen Sie das?«

»Nun, es ist einmal eine Bemerkung gefallen.«

»Von der Tante Julie?«

»Dürfte ich denn gar nichts davon erfahren?«

Mein Märlein, darin alle Sehnsucht und alles Glück heiliger und einsamster Stunden lag; hätte ich es vor dieser schlichten Bitte doch aufgeschlagen! Ich wurde rot und sagte gelassen:

»Nein, es ist nichts.«

Diese Verschlossenheit war mir oft selbst eine

Qual, aber sie wurzelte zu tief, als daß ich sie
hätte überwinden können. Weil er gerade über
jene Dinge am wenigsten sprach, die ihn zutiefst
berührten, glaubte ich zuweilen, sie gälten ihm
nichts; und es war, daß ich einen Feiertag mit
ihm hielt und sechs Alltage zweifelte, ob er wohl
gewesen sei. In sorglichem Feingefühl hat er es
erraten, aber Stolz und Bescheidenheit waren zu
groß, wieder aufzubauen, was ich abgebrochen.
Er hat nach dem Märlein nicht mehr gefragt und
ist dazumal in Bitterkeit von mir gegangen.
Wenige Tage darauf aber – ich sehe ihn wonnesam heute noch – trug er eine heimliche Freude
zu mir; noch dazu eine halbe Stunde früher, als
er vermeint hatte, denn wir trafen uns im Eisen-
bahnwagen.
Er ließ die zitternde Frühlingsluft zum Fenster
herein und lachte mich an.
»Sehen Sie, ich habe heute von meinem Bruder
Pepi einen Brief bekommen.«
»Wo ist er denn jetzt?«
»In der Militärschule in Wien. Und er kennt die
Fuchsmädeln.«
»Der Name ist mir bekannt.«
»Ja, ich glaube, daß ich Ihnen schon einmal
erzählt hab. Sie sind in Werfen immer auf Som-
merfrische und mit der Tochter vom Vorstand
befreundet.«
Aha – dachte ich und erriet . . . »Und . . . ?«
Seine Stimme wurde so voll Jauchzen, daß er sie
kaum zu halten vermochte.

»Und die Tochter vom Vorstand hat sich – verlobt.«

»Ich weiß schon, mit wem – .«

»Und wie berührt Sie das?«

»Gar nicht.« Ich sagte die Wahrheit. Aber auch, wenn mir das Herz gebrochen wäre, ich hätte nicht anders gesagt.

Erste lohende Flamme des Lebens, ich selber habe dich ausgelöscht. In jener Stunde gehörte sie schon zu den lieben leidenschaftslosen Erinnerungen. Meine Sehnsucht war darüber hinausgewachsen.

Bartosch sah mich ganz stille an und lächelte selig wie ein Kind.

Auch fürderhin wandelte sich nichts in seinem Wesen; er blieb mir ein bescheidener, getreuer Kamerad. Und wenn wir zu dritt, Aida war von Ungarn zurückgekommen, wenn wir zu dritt in den Frühling hineinzogen, wurde einem jeden in Regen und Sonnenschein redlich sein Teil. Nur ein heimliches Leuchten streifte mich dann und wann, und ein Blauveilchen, dunkler und duftender, fand seinen Weg in meine Hände.

Das Wandern ist nicht nur des Müllers Lust, sondern auch ein Balsam für steinschwere Gemüter.

Ich bin an der evangelischen Schule zu Schladming und restlos zufrieden. Die neuen Menschen haben mich gut aufgenommen – ist es doch die Heimat meiner Mutter. Und im tiefsten

Herzen tat ich ihnen bitterlich leid, daß ich nun auch kein besseres Los fände, als viele Schulmeister von ehedem und jetzt. –

»Er ist voll Weiberhaß, voll Ungerechtigkeit und Launen.« Und sie drückten mir scheu die Hände und schauten mich forschend an.

Mir aber lachte das Glück aus den Augen, denn es war anders gekommen, als sie in Bangigkeit vorausgesehn. Wie hatte mich die Frau Direktor durch ihren goldrandigen Zwicker gemustert, wie war mir eiskalt geworden vor ihrer förmlichen Strenge und abweisenden Verlegenheit! Daß doch die bedeutenden Menschen immer so schwerfällig und bescheiden sind! Sie ist eine seltsame Frau, die ich erst langsam in ihren wahren und hohen Werten schätzen lernte . . . auf weiten einsamen Wegen . . . durch dunkelgrüne Maiwälder, durch ihre Welt und ihre Liebe. Ich denke noch gerne und dankbar daran.

Selbst die bösen Bienen vor meinem Schulfenster taten mir kein Leid. Und wenn ich durch den Garten ging, schenkte mir wohl oftmalen der alte Herr einen Buschen reichblühender Rosen . . .

Schladming ist heute, was es vor Zeiten einmal genannt wurde – eine Kleinstadt. Die Herren küssen den Damen bei feierlichen Gelegenheiten die Hände. Die Frau Notar geht mit ihrer Schwiegermutter auf der Promenade, und die Frau Rat schaut vom Bezirksgericht über den ganzen Marktplatz.

Unberührt und festtäglich warten die guten Stuben auf einen Gast. Das rote Album träumt zwischen Porzellanfigürchen, und weiße Spitzensterne glänzen neugewaschen und zierlich auf dem Plüschsofa.

So ist es.

Nur bei der Frau Doktor nicht. Da fand ich wohl einen alten Strickstrumpf über den Flügel geworfen und zwischen stummen Ölbildern und dampfenden Teetassen sie selber, erquickend und geistreich ... das leibhaftige Wienerblut. Sie ist nicht ganz die Jüngste, nicht ganz die Schönste unter den Hausmüttern, aber – fix Laudon, wenn sie will, krempelt sie das beschauliche Biedermeier-Idyll von Schladming über den Haufen.

Des Alltags lebt ein jeder versteckt hinter seinen Sorgen und Pflichten. Es trägt sich nichts zu, was ungewöhnlicher wäre als in andern Orten des bergwilden Ennstals.

Wenn ich sehe, wie der Herr Superintendent seine stattliche Gemahlin altväterlich und behutsam am Arm geleitet, muß ich an Philemon und Baucis denken.

Dann bleiben sie ein Weilchen stehen und fragen mich wohl auch um dies und das. Es geht eine unendliche Stille von diesen beiden Menschen aus.

»Sollte sich die Gelegenheit bieten, Fräulein«, sagt er wohlmeinend und bedächtig hinter seinen Brillengläsern, »alsdann reichen Sie um

Schladming ein; nicht wahr! Wir werden unser Möglichstes tun.«

»Ich bin sehr gerne da.«

»Das freut uns. Hoffen wir das Beste!« Dann nickt Philemon und Baucis lächelt. Selig und sehnsuchtslos gehe ich in die Maiandacht und bete.

Sie sehen es . . . sie sehen es alle, die großen und kleinen Ketzer.

Und sind mir gut.

Soviel Liebe habe ich empfangen von Jahr zu Jahr, wie eine reine stärkende Gnade.

Soviel Haß! Reichlicher, als ich es verschuldet und verdient habe; daß ich oft mit allerletzter Kraft meines Stolzes verbergen mußte, wie sehr ich litt. Und weil ich es verbarg – haßten sie noch tiefer.

Doch diese Erinnerung lasse ich mit den Häßlichkeiten des Lebens . . . erlöschen.

. . . die Kerzen brennen . . .

Und die katholischen Bürger haben ihre Kinder mit weißen Kränzen zur lieben Frau gebracht . . .

Schwertlilien und duftende Fliedertrauben . . .

Die Oleanderbüsche in roten Blüten sind dicht am Hochaltar. Regungslos stehn die Seligen in ihren Marmornischen . . .

Gloriolen lohen auf im Kerzenschein.

Und der Schatten des Kreuzes zuckt schwarz über das Deckengewölbe . . .

Inbrünstiges Händefalten . . .

In die Mainacht zittert der erste Orgelton . . .
schwellend wie ein tausendjähriges Gebet in
bandlosen . . . hochwachsenden Wogen . . .
Das rote Licht lebt wie ein Herz vor dem Heiligtum . . .
Milde Königin, gedenke . . .

Ich wohnte unter friedsamen Menschen voll Bie-
derkeit und Herzensgüte. Sie halten ihren Glauben in Ehren – jeder nach Bekenntnis und Weisheit und Kraft . . . und was einst mit Blut und
Waffen aus den Wällen brach, geht wie eine verschollene Sage um, und an langen Winteraben-
den mag wohl zuweilen ein Alter raunen, was
ihm annoch ein Alter gesagt hat.
»Da von der Kohlgrube bis zur Maistadt sind
unsere Vorväter gestanden mit Sense und Heu-
gabel, Mann an Mann.
Da sind sie begraben.
Wir wissen es nicht mehr, warum. Aber eine
große Vergangenheit ist es.
Und am Schieferstein ragt noch ein Kreuz; wohl
an zwei Jahrhunderte oder länger.
Bewahre uns vor Krieg, Hunger und Pestilenz!
Sind dazumal die Leute schier ausgestorben, wo
der schwarze Tod in ein Haus gegangen ist . . .
Noch lang ehvor aber dieses sich zugetragen,
daß Kinder und Kindeskinder also gestraft wurden, waren die Schladminger ein gar übermüti-
ges Volk. Das Gold wuchs den Knappen in den
Höhlen des Giglach, und auf den Almen hatten

die Senner eine Kegelstatt, wo sie mit Butterkugeln schoben ... Es geschah auch, daß sie einem Stiere die Haut abzogen und selbigen lebendig durch das Tal heraustrieben.

Die Schlechtesten aber frevelten mit dem Leibhaftigen, indem sie beim Stundenschlag der Mitternacht einen Sarg dreimal um die Kirche schleppten. Noch ist im Mauerwerk draußen beim Pichelhof die Teufelsfratze eingedrückt, allwo der Satanas einen geholt hat.«

So raunen die Alten.

Und die verschollene Romantik streift dann wohl ein Stündlein um Stadtmauer und Pappelbäume und schaut mit tiefen dunkelblauen Augen die Kinder an, daß sie nicht vergessen sollen ...

Die zwei Kirchtürme von Schladming ragen friedsam zum Himmel auf ... die Steine der Schindeldächer umzieht ein lebendiger Flaum ... grüner und leuchtender ...

Die Erlen blühen ...

Ich habe mein Märlein zuende geschrieben.

Die Wasser gehen hoch und golden, als hätten die Tauern noch einmal ihre Gruben aufgetan. Das ist, so oft die Sonne scheint ... so oft ich unter Holunderbüschen auf dem Wiesenrain weile. Und manch ein Brieflein, das der Frühling gedichtet, liegt stille in meinem Schoß ... feierlich und mit glänzenden Siegeln.

Wie wenn die höchsten Rätsel der Welt darin verborgen wären!

Es steht aber nur von einem blonden Träumer zu lesen, dem tausend zitternde Lichter ins Herz gegangen, der glückselig im Schönen nicht weiß, wie ihm geschieht . . .

Es steht nur von einem kleinen Mädel zu lesen, das mit Maikäferlein spielt und über die Wellen sinnt, die talab zur Heimat fahren und . . . noch weiter.

Ich kenne den Weg . . . starre Fichten und demütige Kornfelder . . .

In den Schloßgärten duften Blumen . . .

Und der Turm steht hinfällig unter allen hinfälligen sturmverwehten Kreuzen.

Eine Stunde vor dem Untergang.

»Da gehe ich, wenn Abend ist«, erzählte mir Eduard Bartosch. »Der Mond scheint, und im Friedhof wispert das junge Gras . . . daß einem das Herz schwer wird . . . «

Immer muß er die Schönheit lieben, selbst wenn sie schmerzlich ist . . .

Was geht er suchen?

Alsdann denkt er weiter auf seiner Gartenbank zu Stainach und schreibt es auch auf:

»Es ist nicht gut, daß der Mensch allein sei . . . «

Da kommt mir ein leises Lächeln, und die Enns huscht hurtig vorbei und trägt es viele Wegstunden . . . zu ihm.

Nur das Lächeln. Die Gedanken gebe ich nicht Wassern noch Worten . . .

Wenn er einmal schwiege und seine kleinen Briefe nicht mehr zu mir fänden, wenn ich alle

wonnesamen hellen Tage keinen wüßte, der sie
mit mir lebt, der mit Käferlein spielt und stille
namenlose Sehnsüchte an die Wolken bindet . . .
Was dann?
Dann . . . wäre ich arm.
Doch ich liebe ihn nicht. Es ist wahr: ich liebe
ihn nicht.
Und er?
Seine Seele ist noch unklar und zwiespältig, wie
der Vorfrühling . . . voll Lohen, voll Sturm und
Unrast.
Wenn ich einen liebe, muß er unwandelbar und
ruhig sein − größer wie ich.

Noch einmal trug es sich zu, daß wir miteinan-
der die »Bretter der Welt« betraten. Frau Ober-
lehrer von Stainach hatte mich geladen.
Wie Fremde standen sich Freunde gegenüber,
und es hätte uns doch keiner ein liebes Wort
verargt. Wohl geschah es, weil mir vertrautes
Erdreich unter der Sohle fehlte.
Als ich aus dem Zug stieg, erwartete Bartosch
mich höflich und kühl.
»Die Damen sind schon drüben. Ist's Ihnen un-
angenehm, daß ich dabei bin?«
»Warum denn?«
»Ich meine nur.«
Im Saale lehnten die Sessel wirr an den Wänden.
Freund Zehentleitner tanzte, Vater Daun tanzte
und alles, was alt und jung war.
Ich auch. Allein Eduard Bartosch bat mich nie

darum. Fast tat es mir weh – bei aller Dankbarkeit. Kein Mensch war, der die geheimsten Wünsche der Abwehr und Scheu so getreu gelesen wie er. Schweigsam mied er den heimatlichen Ton meiner wunschlosen Freundschaft und wußte, daß sie im Angesicht der Welt siebenmal versiegelt ist und lieber nichts gibt denn eine gedankenlose Lüge.

Was für wunderliche Leute waren wir doch!

Einmal saß ich ein Weilchen in einer dämmrigen Ecke und schaute der »Burgl« zu, wie sie unter den Begierden ihres armen verwahrlosten Hirnes um den Bildltaler schacherte.

Da kam der »Herrenbauer« heran und brachte mir auf einem Tellerchen zwei Schinkensemmeln ... Eine bettelarme Kuhmagd ist dieses sicherlich nicht gewohnt. Vielleicht sperrte sie deshalb ihre Augen auf.

»Es ist aus der Weise«, stotterte sie, »oder ist es der Brauch bei euch in Amerika?«

»Nehmen Sie – ›Tonnerl‹«, bat er. »Sie sind hungrig!«

»Das wohl; aber warum hat es der ›Herrenbauer‹ erraten?«

»Nun, Sie haben sich früher als sonst auf den Weg gemacht und auch vor dem Gespiel nichts gegessen ... «

»Ich sage ›Vergelt's Gott‹ für die Jause ... «

»Das ›Tonnerl‹ ist soviel schüchtig in der Fremde, da muß doch einer achtgeben auf sie.«

»Es ist aus der Weise.«

Mir wurde warm ums Herz. Es war etwas unsagbar Kleines ... selbst meine freundliche Wirtin dachte nicht daran ... selbst ich fühlte es kaum ...

Nur er. Eduard Bartosch trug Sorge um mich. Ich habe zu aller Zeit auf meinen Willen gehört und keinem überlassen, was für mich zu denken war. Ich wollte nicht Hilfe und Schutz, ich wollte die Zügel.

Und nun kam ein blonder Träumer und brachte mir Brot! Ich mußte den Kopf schütteln, weil es so absonderlich war. Und eine kleine Weile irrte es durch mein Herz:

War es nicht süß, war es nicht beglückend zu wissen, er hütet mich, er sah, was mir kein Mensch sonst im dunklen Winkel abgelauscht hätte ... daß ich hungrig bin ...

Die Schladminger sind ein sangesfrohes Volk. Vom dicken Kapellmeister angefangen bis zum spindeldürrsten Lehrbuben musizieren sie. Das ist ihr Schlag und ihr Blut. Meine Mutter hat es auch.

In der »Alten Post« stimmten sie schon die Geigen. Der Buchbinder rannte mit seinem Flügelhorn aus der Parkgasse, und viele Kinder drängten sich vor die hellen Fenster.

Die Glocken der beiden Kirchen läuteten den Abend ein. Im Westen versank das letzte Licht. Zu dieser Stunde schritt ich mit Eduard Bartosch durch den Torbogen der ehrwürdigen Wälle den Marktplatz hinauf, wo die Häuser der Bürger behäbig und standfest die Jahre vorbeiziehn lassen und die wilden Kastanien von Sommer zu Sommer schöner werden.

Es war das einzigemal, daß ich mit ihm diesen Weg ging. Die Kinder liefen auf mich zu und reichten mir die Händlein.

»Ich sehe, Sie sind gut aufgehoben, Paula, und wie ist es sonst an der Schule . . . die Lehrer zum Beispiel?«

»Der alte Herr ist sehr gütig.«

»Und die andern?«

»Nun, da ist der Wunderlich, Protestant; im Wesen wirklich wunderlich . . . gewissenhaft und gelehrt. Im Gemüte ein Kind und im Denken ein Alter, der weiß, was er liebt und läßt. Nicht jedem ist es so früh gegeben; ich erkenne heute noch nicht, was mein Beruf ist.«

»Warum heiraten Sie nicht?«

»Nein!«

»Und der andre?«

»Der Witzthum. – Bei dem heißt der Positiv: Schule; der Komparativ: Postfräulein und der Superlativ: Schi. Er ist kein liederlicher Mensch, viel eher ein guter, tüchtiger. Aber – so lang er ist, wachsen muß er noch.«

»Und wie vertragen Sie sich mit ihnen?«

»Recht gut, wissen Sie . . . so über den Zaun. Kameraden sind wir wohl nicht. Sie können auch den Ton nicht finden.«

»Es ist merkwürdig, Sie haben bei aller Güte eine Art, die keinen an Sie herankommen läßt.«
»Ich glaube, das ist Anlage.«
Da sagte mein Freund treuherzig:
»Und es ist mir ganz recht so.«

Onkel Fritz stand mitten auf der Hauptstraße, sah hoffnungslos nach allen vier Winden der Erde und klappte seine Kamera zu.
»Es ist kein Licht mehr.«
Und das Miller Katherl kam einherstolziert – heller Frohsinn sprühte aus ihren schwarzen Augen, und die Mohnblumen auf dem Hute nickten. Unter dem Arme trug sie einen seidenen Regenschirm.
»Wozu du den ausgeführt hast, bleibt ewig ein Rätsel«, sagte ich.
»Besser zu viel als zu wenig. Ich kenne eine, die geht wieder beim ärgsten Wolkenbruch ohne Dach.«
»Das geschieht meinetwegen«, sprach Bartosch ein wenig boshaft, »ich habe ihr einmal klargelegt, wie niedlich es ausschaut, wenn die Schulmeister gemächlich dahertraben ... im Überrock ein blaues Schnupftuch und unterm Arm ein rotes Paraplü.«
»Da hört sich alles auf!« schrie das Miller Katherl mit blitzenden Augen.
Ich war rot geworden und trotzte:
»Herr Bartosch, Sie sind heute sehr eingebildet.«
»Weil ich so vergnügt bin.«

»Streitet ihr schon wieder?« fragte Tante Julie mitten aus ihren Jugenderinnerungen.

»Der beste Mensch kann eben nicht in Frieden leben . . . «

»Ich bin ganz Ihrer Ansicht«, unterstützte mein Freund scheinheilig das Katherl.

»Ich auch. In einer Viertelstunde kommt sowieso der Nachtwächter; der wird eure gerechten Seelen dann hinreichend beleuchten.«

Allein wir konnten ihn nicht mehr erwarten, denn in der »Alten Post« spielten sie schon den Dachsteinmarsch.

Seit diesem Tage neckte mich die gute Frau Angerer ein wenig; und wenn sie mir ein Brieflein in die Stube trug, mußte sie lächeln.

»Wo sind die Zeiten, wo ich und Ihre liebe Mutter jung gewesen!«

Nun gingen ihre Töchter im weißen Kleid . . . und eine Rose steckte im Gürtel . . . Sie sprachen mit freundlichen Worten von Eduard Bartosch, und ich war im geheimen stolz darauf . . . stolz, daß ich wünschte, solch ein sonniges Seelchen möge sein Glück werden.

Am liebsten . . . das Miller Katherl.

Doch beide waren diesem Wunsche aus Gründen abgeneigt, und er ging daher nicht in Erfüllung.

Die Frau Angerer aber fragte beharrlich:

»Nun, was schreibt der Liebere?«

Da sagte ich wohl wahrhaftig und ernst:

»Sie Schlimme, Sie irren sich. Der Liebere ist es nicht.«

Viele blaue Frühlingstage flogen über das Land. Die Wege taten sich auf, wo Weiden und Birken nach dem Himmel griffen und das braune Moor Narzissen und Orchideen trug.

Und wenn Sonntag wurde, kam Eduard Bartosch in meinen dreieckigen Garten. Ich saß da, die Hände über dem Knie gefaltet, und hörte ihm zu. War er doch ein seltsamer Mensch, wenn er mit dieser tönenden Stimme sprach und die Augen wie Rätsel wurden!

Das grüne Büchlein lag vor ihm, allwo das heilige Drama der tirolischen Freiheitskämpfe aufgeschrieben ist. Zu Ehr und Gedächtnis.

»Das war eine Zeit!«

»Wir in unserem friedlichen gesegneten Jahrhundert können sie kaum begreifen.«

»Meinen Sie«, fragte mein Freund, »daß ein Mensch nun nicht mehr dieser idealen Treue fähig ist?«

»Sie ist vielleicht nicht mehr notwendig.«

»Man kann erst alle Kraft ansetzen, wenn man mit seinem Beruf verwachsen und seinem Ziel im klaren ist. Ich bin es nicht; das heißt – es kommt nur manchmal über mich.«

»Es ist da schwer zu antworten. Ich hätte wohl auch kein Recht dazu.«

»Sie haben sehr viel Einfluß auf junge Menschen.«

»Das hat Mater Stanisla auch einmal gesagt. Aber es liegt selten in meiner Absicht, ihn zu brauchen; ich habe viel zu große Scheu vor der Verantwortung . . . Und seine tiefsten Kämpfe muß der Mensch doch allein überstehn.«

»Es ist nicht gut, daß . . . «

»Es ist schon gut.«

»Warum sind Sie so sehr dagegen?«

»Ich rede niemand ab und finde es ganz in Ordnung, wenn die Menschen im allgemeinen anders denken. Aber ich habe viel Herzleid meiner Mutter gesehen . . . Sie verstehen mich?«

»Meine Eltern haben einander so lieb.«

Das dreieckige Gärtlein war oft still, daß wir den Frühlingstag hörten, der mit leisen Schritten durch die Büsche ging.

Fliederdüfte brachen aus den Knospen, und der alte Apfelbaum breitete seine Hände über uns.

Dann aber rief Onkel Fritz fröhlich in den Feiertag: »Kommt's, Kinder, gehn wir zum Papa Gugu nach Stein an der Enns!«

Das grüne Büchlein lag da und schaute uns nach.

»Vergessen Sie es nicht!« sagte ich zu meinem Freunde. Er aber bat:

»Wollen Sie es behalten, bis ich es einmal holen komme?«

Noch oft kam er; aber um die Geschichte der weiland Tiroler Helden fragte er nicht. So blieb sie bis zu diesem Tage in meinem Schreibtisch, bei allen Dingen, die mir teuer sind.

Wir wanderten in Licht und blühenden Gnaden
der Sonne nach.

Und Papa Gugu lachte mit seinen listigen Äuglein, wenn wir kamen, putzte den Grammophontrichter und sprach:

»Ich weiß es wohl noch!«

Wildrosenzeit

1914

Pfingsten . . .

In wilden zerrissenen Pelzen fahren die Wolken über den Himmel.

Große Tropfen prasseln auf glänzendes Sommergrün, und dann streichen Lichtwellen darüber . . .

als wollten sie gutmachen.

Die Balkontüre steht weit offen . . . der Widerschein des farbigen Glases ist auf den Boden gemalt.

Rot . . . grün . . . rot . . . grün.

Draußen zwitschert ein junger Vogel.

Efeu rankt um das Fenstergesimse . . .

Fliegen summen . . .

So still ist der Sonntag.

Auf dem einen Ende des Diwans sitzt Eduard Bartosch . . . auf dem anderen ich.

Ehr- und tugendsam.

Tante Julie hat eben gesagt, ehe sie in die Küche ging:

»Bis der Gesangsverein kommt, hört der Regen längst auf.«

»Ich denke auch.«

»Schauen Sie mir ja die Vordernberger Herrn nicht zu viel an; lieber gar nicht!« bittet er.

»Das wird kaum gehen, sonst hänge ich den Ehrenkranz noch dem Kondukteur um den Hals – statt dem Chormeister.«

Er lacht.

»Sie wissen, ich sorg mich halt um Sie.«

Wir sind allein . . . das fühle ich zum erstenmal.

Es ist seltsam, wenn ein Mensch Sorge hat.

Ich sitze steif und aufrecht und schaue kerzengerade nach der Tür.

Es ist seltsam; wir wissen gar nichts mehr zu reden. Die Fliegen summen . . .

Auf dem Gitter zwitschert ein junger Vogel . . .

Wie schön doch ein Pfingstsonntag ist!

Farbige Lichter zucken über die Diele . . . über die Hände . . . über das Herz . . .

Wundersam still . . .

Nur das Hämmerlein klopft . . .

Seines? Meines?

Schüchtern späht der Sonnenschein um die Hausecke. Und das Efeulaub erschauert . . .

War es der Sonnenschein?

Ich habe es nicht gesehn.

So wundersam ist nur das Glück auf der Welt . . . einen einzigen flammenden Herzschlag lang.

Pfingstsonntag.

Ich sehe traumverloren an meinen Händen herab . . . über das braune Mal, darauf seine Lippen geruht hatten . . .

Oder ein Lichtlein ... warm und verlohend?
Ehrwürdig sitzt die Einsamkeit zwischen zwei
Menschen ... Und ein seliges Lächeln über-
brückt sie.
Fliehendes Leuchten ... wandernder Wolken-
zug ...
Und ein Vogel sang – was wir verschwiegen.

Es ist Abend.
Da gehen die Grenzen um das enge Dorf in der
Finsternis nieder, daß nichts mehr ist zwischen
uns und den Sternen als ein Raum ohne Anfang
und Ende.
Wo aber laute Menschen wachten, brannte noch
ein Licht, so klein, daß es sie nicht erschreckte,
so groß, daß alle ihre Fröhlichkeit sahen.
»Ich muß heute noch reden, was tief und ernst
ist.«
Mein Herz erschauerte leise im Ahnen, daß es
nun sein stilles Geheimnis berühren werde, darüber seit Jahren ein seidenes Band gebunden
war.
Es erschauerte in Abwehr und Sehnsucht.
Der Schein des Feuers zuckte über hundert lachende Gesichter ... über weiße Frauengewän-
der und tagmüde Blumen.
Nur über das stille Geheimnis meines Freundes
nicht.
Es lag so sehr verborgen, und der Lärm warf
seinen Schatten darauf.

Da wurde Eduard Bartosch traurig und schweigsam.

Nur einmal ... da spielten die Geigen ein Lied. Ich fühlte seine Augen treu und schüchtern und fühlte ... hundert Fremde den Weg zu meiner Seele gehn – grell wie Laternen.

Da schloß ich sie zu.

Was für ein Lied es war?

Ich werde es niemals aufschreiben. Ein heimatloses war es, das über die Töne flog ... so leise ... daß nur ein kleines Mädel es hörte.

Vielleicht das Liedlein ... welches der Vogel sang.

Eduard Bartosch erinnerte mich fürderhin nicht mehr daran. Auch er hielt das Herz verschlossen, und seine Offenbarung schlief darin.

Ich weckte ihn nicht auf.

So still war mein Freund, daß ich zufrieden sein konnte.

Und es doch nicht war.

Also fühlte ich zu Schladming:

Warum ist es um Sonnenwende nun kalt geworden?

An den Zäunen blühen die wilden Rosen ... und erfrieren nicht. Der Sonnenschein hegt sie, bis sie müde sind.

Ich aber gehe einsam durch die Fremde. Alle, die mir ihre Tore öffnen, können mich nicht erwärmen. Und die Blumen mit ihren wonnesamen kleinen Flügeln decken mein Herz nicht zu.

Was ich möchte ... und doch nicht will ...
wäre es nicht schön?
Heimat und Liebe ...
Wann ... du kleines Zigeunerlein ... wann?
Am Sonntag ... am Sonntag ...
Nun aber ist Pfingsten vorbei.
Und er?
Er hat mich nicht lieb.
Da geschieht es, daß ich in meinem Herzen zum
erstenmal den Namen seiner Kindheit rufe.
Die wilden Rosen aber sind stumm.
Sie stehen wie eine reiche glückszitternde Sehn-
sucht da ...
an meinen Wegen ... an meinem Gartenzaun
und vor dem Tor.
Wie ein Märchen blühen sie durch die Tage.

Ich habe im Himmel einen hochherrlichen Pa-
tron, der um diese allerschönste Zeit die Welt
verlassen hat. Nun werden es bald zweitausend
Jahre.
Aber die Leute haben es nicht vergessen.
Blumen liegen in meiner blauen Stube – Briefe,
die mir Glück verheißen sollen ...
Treues Gedenken aller, die mich lieben.
Auf der Straße schreitet wohl auch ein beschei-
dener Handwerker auf mich zu oder ein Schul-
kind im gestärkten Kittel.
Denn es ist Sonntag.
Unser Mesner läutet langsam und feierlich die
Vesperglocke.

Und die Bauern löschen das Licht aus.

Wir zünden es an und feiern die blaue Sommernacht.

Die Meinen drücken mir stille die Hand, und heilige Wünsche segnen meine Seele.

Dann ... steht Eduard Bartosch vor uns.

Er hat mir keine Rosen gebracht.

Er hat kein Lächeln auf seinen Lippen.

Tiefernst und bleich.

So ist sie in den Frieden unseres Dorfes hereingebrochen – die Kunde vom Königsmord.

Wir sind erschüttert – wir suchen nach Worten und finden keine.

Der Wein in den Kelchen knistert ...

Die Gläser klingen nicht mehr.

Einsam und armselig raucht die Freude aus dem goldenen Hals der grünen Flasche. Aus der Ferne starren sie fremde Blicke an. Und die weißen Hände meines Freundes streicheln sie wehmütig.

»Die Leute meinen, es ist unser Verlobungstag. Ist Ihnen das unangenehm?«

»Lassen wir ihnen die Freude, daß sie mehr wissen wie wir.«

Ich sage es in freundlicher Ruhe, aber die Röte steigt mir auf wie ein ungewolltes Bekenntnis.

Warum ist mir so bang?

Ist es um die vielen Worte, die für und wider die Toten gesagt werden? Um Steine und Weihrauchkörner, die auf gebrochene Herzen fallen?

Es dräut gewitterschwer.

Bald liegt kein Laut in den Lüften ... bald irrt

es wie dumpfes Grollen umher, wie gebändigte Stimmen, die aus der Tiefe fahren.

So arbeitet unser Hirn mit dem Unfaßbaren, das da kommen wird.

Und von Weile zu Weile denkt es noch an den Festtag meines hochherrlichen Patrons. Wie ein zersprungenes Glöcklein klingt ein Glas.

Mein Freund redet ruhig und müde, als wüßte er von seinen Worten nichts.

»Es ist heute ein Tag, allwo wir uns in Treue versammelt haben und mit wahrhaftem und anhänglichem Gemüte wünschen, es möge Ihnen, liebe Paula, zu allen Zeiten – «

Die Glastür kreischt in ihren Angeln . . .

Neue Stimmen gehen wie ein Hammerschlag . . . und der rote Flammenschrei der Weltgeschichte hat den Wunsch meines Freundes zerschlagen – War es um Glück?

Der liebe Gott hoch über den Sternen schüttelt sein greises Haupt . . .

Und irgendwo zwischen Himmel und Erde . . . zwischen Sehnsucht und Erhörung . . . fällt mein Festtag in Asche.

Die Türe kreischt in ihren Angeln, und der gütige Pater Wolfgang kommt gerade recht, die Asche mit geweihten Händen zu bestatten.

Die Zukunft liegt an der Schwelle wie ein grausiges Rätsel.

Was ist mein Schicksal . . . wenn selbst der Purpur in Fetzen zerreißt . . .

Was geht es mich an?

Nichts, denn es war das Leben der Könige . . .

Alles, denn es war das Sterben der Menschen, die in schwersten Qualen . . . arm und glanzlos verbluten.

Was frage ich?

Was verlange ich?

Ich weiß es nicht. Ich weiß nur, daß einer nicht mehr liebt.

Oder leidet er?

So bitterlich stumm.

Und nichts kann uns helfen. Auch nicht, daß seine weißen Finger über die Tasten irren.

Hat er denn vergessen?

Ein zuckender Ton . . . und ein ewiger Stern.

Mit den Stunden rinnen sie in die Weite.

Wie bitterlich hart, daß keiner sie halten kann!

Was es nur ist, das ich zurückrufen möchte, als sei es verloren?

Fühlt es auch er?

Oder . . . ?

Im verwaisten Winkel hat es seine Krallen festgeschlagen . . . seit dem Tage . . . wo meine Mutter weinte.

Ich muß einsam sein und ohne Vertrauen.

Wenn du noch ein süßes Geheimnis hast unter dem violetten Bande . . .

dann . . . laß es schweigen.

Drüben sind die leisen letzten Akkorde verweht.

»Es klingt heute nicht«, sagt Eduard Bartosch

schmerzlich. Und seine Augen sind rätselsam wie eine alte Frage.

Dumpfes Ahnen einer gewaltschweren Heimsuchung ... ferne Feuer über der Welt und ihren Geschicken ...

»Und Sie vergeben mir, weil ich stille war?«

»Es wird ja wieder ein besserer Tag kommen – «

»Wo wir diesen gutmachen?«

»Ja.«

»In zehn Minuten geht mein Zug.«

»Schon?«

Die Uhr liegt auf dem Tisch ...

Die Zeiger rücken.

Stolz und aufrecht lasse ich die hoffnungslosen Herzschläge dieser Stunde verschluchzen. Aber meine Hände zittern ... und die Augen gehn mit dem Zeiger der Uhr.

Das Herz zuckt ... zuckt ... als müsse es sich erlösen. Es kann nicht.

Ganz langsam klammert sich Nerv um Nerv seiner schmalen Finger um die silberne Uhr.

Draußen schlagen die Signale.

Die Zeit ist um.

Unsere Hände finden sich in stummer Qual. So wundersam schmerzlich kann nur das Scheiden sein ... einen einzigen flammenden Herzschlag lang.

Eduard Bartosch geht ernst und hochgemut ins uferlose Dunkel der Mitternacht und ich

lasse den Zug mit blutroten Lichtern ... vorüberächzen.

Christl

1914

Ich habe einmal eine Geschichte geschrieben,
und sie war meine Einsamkeit, meine Sehnsucht
... mein Trost in schönsten und bittersten Stunden.
Mein Märlein vom Narren.
Und das Finale?
Ist Wirklichkeit. Ich habe den Christl gefunden,
den dickköpfigen Bauern mit der geraden unschuldigen Kinderseele.
Aber ich wußte es nicht.
Ich lag da – so krank und müde.
»Muß ich sterben?« Und ich liebte das Leben mit
allen meinen armen Kräften, zäh und heiß.
Ihn aber, der es mir erhalten wollte, haßte ich,
ihn, der mich betreute und mir so wehtat. Er
war gut und geduldig – alle Stunden und alle
Tage. Er hatte ruhige Augen, wenn ich in To-
desängsten zu ihm aufsah, und ein stilles Lächeln
voll Hoffnung und Kraft ... Wenn meine Seele
schrie wie ein zorniges Kind, hat seine Milde sie
in den Schlaf gewiegt ...

Allein er war mir ein Fremder. Seine schlichten Worte fanden eine verschlossene Türe, und seiner Treue wurde kein Dank. Ich war müde und hoffnungslos und töricht.

Alle gingen.

Nur er stand noch da in meiner weißen Stube und sah mich an. Am Fenster dufteten Nelken – schon im Verblühn.

Hochsommer.

Es war kalt, und die Hände lagen auf weißen Linnen . . . farblos und ruhig. Da legte er still ein seidenes Tüchlein über die matten Hände . . . Und in dem Tüchlein . . . pochte sein Herz.

Aber ich wollte es nicht.

Auf der weiten Welt war alles in Schweigen . . . Und das Herz schluchzte einmal auf, es hatte keine Stimme.

Mir ward, als müsse eine Mauer in Trümmer gehn und ein Funke die gelähmte Seele entzünden.

Doch es geschah nichts . . .

Das Herz lag da, und der Mann, dem es gehörte, sah mich an. Voll tiefer Liebe . . .

Durch den glühenden Hochsommer ging ein Stundenschlag . . .

ging ein Wetterbrand . . .

ging ein Ruf . . .

Da sagte der Mann schlicht und besonnen:

»Der Kaiser braucht mich.«

Ich gab ihm meine Hand. Er küßte sie nicht, er hielt sie mit seinen braunen Fingern keusch umschlossen ... Dann faßte er rauh und fest sein Herztüchlein und ging – davon.

Hochsommer.

So einsam war meine weiße Stube ... als sei das ganze Schweigen der Welt an mein Bett geflüchtet.

Draußen verhallten die Schritte des seltsamen Mannes, der sein Herz zum Kaiser trug.

Da wußte ich auf einmal, daß ich ihm gut bin ... lange schon ... daß er jener weltfremde weise Narr ist, von dem ich in den sehnsüchtigen Stunden meines Lebens eine Geschichte geschrieben – mein Christl ...

Er hat mich tiefer geliebt als die Frau Königin, denn die Frau Königin war schön und ich war ... krank.

Diese große reine Liebe habe ich in Händen getragen – doch als ich sie erkannte, war es zu spät ...

So ist das Finale.

Mein guter Kamerad ...

1915 — 1916

Es ist um Allerseelen herum.

Nebeldämmer Tag für Tag, kalt und trostlos. Langsam rinnen große Tränentropfen über die trüben Fensterscheiben, und gelbe erfrorene Blätter werfen sich zu einem Totentanz noch einmal den Stürmen hin.

Ich bin müde und krank. Alle Hoffnung und Sehnsucht ist erloschen. Die lichtarmen verlorenen Bilder umwehen mich, daß ich nichts mehr – nichts mehr wünsche. Der Ewige hat mich geschlagen. Ich liege in meinen Schmerzen und warte, bis sie vorbei sind. Bitterlich viel ist schon über meine goldene Jugend hereingebrochen, und ich habe keine Kraft zum Begehren. Herr, wie du willst!

Ich bin müde; der Leib ist leicht, als wären ihm Flügel gewachsen. Das Herz aber zuckt, als könne es nicht stille werden. Und auf einmal greifen mich lastende Schatten an ... graufahles Bangen vor einer schweigsamen Unendlichkeit.

Ich reiße die schweren Lider auf, um nicht einzuschlafen, ich kralle mich mit schwindenden Sinnen an die Erde . . .

Habe ich die scheuen, sehnsuchtsvollen Gedanken gefühlt, noch ehe sie aus dem russischen Winter in meine Stube flogen? Mein Freund schrieb, nach halbjahrlanger Schweigsamkeit. Ich wollte ihm grollen und mußte verzeihen. War er doch stumm geworden, weil die großen Flammen seines Schicksals ihm weit draußen in lärmender Welt den Weg gezeigt hatten!

. . . Längst verhallte Stimmen wachen wieder auf . . . und jenes lachende Glücksunbewußtsein, das uns einstens zu guten Kameraden gemacht.

Der Krieg aber hat die Welt aus ihren Geleisen geworfen. Wie doch alles, alles so anders kam! Oft mußte ich staunen, wie das Leben mit diesem Manne seltsame Wege ging.

Es wohnte ihm eine zwiespältige Seele inne, warme ungebärdige Kraft, die hoch über die Pflichten des Alltäglichen hinausragte . . . stürmende Sehnsüchte, die nicht Erlösung fanden. Mitten im brennenden Taumel seiner Jugend, in roten Liedern, die das Herz berauschen, hörte er den verlorenen Glockenton einer heiligern Welt, die nur mit geweihten Opfern betreten wird. Diese Einsamkeit hat uns verbunden, hat seine suchende Seele immer wieder zu mir geführt, wenn ich sie längst verschollen glaubte. – Irgendwo auf der weiten Welt haben unsre Gedanken Zwiesprach gehalten, oft lang, ehvor ein Brief zum andern kam.

Kalt und mondhell ist die russische Nacht. Das Wasser glitzert im Grunde der Schützengräben, und hinter gelben Rasendecken schmiegt sich so mancher Feldsoldat an fremde Erde.

Die Rainer! Das Salzburger Fähnlein mit den Edelweißblumen. Zwei Menschen aus meiner Herzensgemeinde dienen darin ... der junge Arzt mit dem rotseidenen Tüchlein und ... mein guter Kamerad.

Ich bin stolz auf euch!

Und wenn ich auch nichts mehr habe, als eine schluchzende Erinnerung, als blaue Briefe aus starren Händen ...

so muß ich mit zitterndem Herzen glücklich sein, weil ich ein reines Lichtlein für euch brenne, weil meine schlichte Seele so großen Menschen eine Zuflucht war.

Bartosch ist bei den Rainern. Ich fühle, was er sich gesetzt hat, das tut er ganz.

Es hat ihm nicht genügt, in Tarnobek Bahnhofskommandant zu sein und in Debica Panzerzüge zu begleiten; es hat ihm nicht genügt, mit Adjudantenwürde seinem Oberstleutnant nachzureiten ...

Zur Front!

Novembernacht und Mondschein über wolhynischen Feldern. Zwei Sternlein schmücken den roten Kragen, und das Herz schlägt zwischen Tod und Winter so stolz und stark. Das ist die Jugend.

Ich will es mir nicht eingestehen, wie sein treues

Gedenken mir Trost und Heil ist ... wie ich
lange die rosenroten Karten halte und sinne ...
und träume ... wie seine lieben Grüße mich fe-
ster zum Leben ziehen.

Zu Weihnachten bin ich am Genesen.

Meine liebste Stunde ist gekommen – Lichtun-
tergang. Ein kleiner Baum steht in meiner Stube
voll Fahnen und Flittergold.

Mit gefalteten Händen bin ich vor meinem Chri-
stusbilde. Es verdämmert im Feierabend. Nur
die blonden Haare schimmern auf, und ich fühle
des Herrn tiefdunkle Augen.

So groß wie die Schätze meines Königtums sind
meine Bitten; größer noch. Du weißt sie. Ich
muß keine Worte sagen ... Und segne sie, die
mich lieb haben und um mich litten ... Und gib
mir das Leben ... !

Es brennt ein Baum, mitten in meiner Herzensgemeinde. Es brennt die Liebe. Gib sie allen, die
ihrer bedürftig sind.

Und ich denke meiner Helden, die im Felde
stehn, einsam und kalt. An einen, der mir verschollen ist ... Schlichter unschuldiger Bauer
du! Meine Liebe ist rein, daß sie vor dem lauter-
sten Lichte der heiligen Nacht nicht zuschanden
wird. Christl, über die unendlichen Schranken
zwischen dir und mir, durch diese arme weglose
Finsternis wandert mein Erinnern. Ich weiß
nicht, wo es dich finden wird. ... Wo immer
dein Glück ist, will ich es in aller Stille segnen
mit meinen armen menschlichen Wünschen. ...

Gott weiß, wie unsre Wege gehn. Ich will dir eine weiße Kerze brennen, bis der Herr sie auslöscht . . .

Und ich denke des andern. Nicht weil es Männer, sondern weil es Menschen sind. Weil sein unstillbares Glücksahnen liebe Worte braucht und sein besseres Heimweh eine Hand, die es hütet.

Gott hat mein Herz in Obhut genommen, daß es keiner berührt, ob es auch in zitternder Sehnsucht weinte, Gott gab ihm ein Reich in gestaltlosen Heiligtümern.

Ich wußte es nicht . . . eine kleine Weile . . . ich wußte es nicht. Es kam so stille, wie der erste Sonnenschein.

Ein Weihnachtsbrief aus Peterskirchen und seine Sehnsucht, uns wiederzusehn. Längst verhallte Stimmen wachen wieder auf, und jenes lachende Glücksunbewußtsein, das uns einst zu guten Kameraden gemacht. Selige Torheiten und goldene Tage! Das war eine liederfrohe Zeit, weit vor dem Schicksal, und wir hatten gespielt wie Kinder . . .

Nun aber sah ich diesen Mann im eisernen Sturm emporwachsen, reif und heldenhaft; sah, daß diese Seele, die sich meiner Hut gegeben, größer war als meine schlichte Kraft, und in hundert heimlichen Kämpfen wußte ich, daß ich doch nur ein kleines Mädel bin und nach einer Heimat sehne.

Das ist die Liebe.

Wie ich mich wehrte! Wie ich Stunde für Stunde
log, er sei mir nicht mehr als alle Getreuen. Wie
ich mit brennenden Wünschen verlangte, ihn
wiederzusehen!

Ich sah ihn nicht mehr.

Von seiner Heimat mußte er unmittelbar an die
Front zurück. Erst zum 18. März schrieb ich
wieder und sandte ein kleines Feldpostpackerl
mit Edelweiß und Weidenblüten.

Und über der Erde war Frühlingszeit. Leuchtende Farben strichen über die Berghalde, und die
Kinder zogen um Blumen aus. Es war still im
Tale. Allstündlich rollte das Leben auf Lasten-
zügen vorbei – von Nord nach Süden. Und auch
die tausend Feldgrauen waren still und fanden
keinen Ton mehr zum Jauchzen.

Vom Lenz in den Tod . . .

Ich fühlte – ich wußte . . . einmal wird auch er
vorbeikommen, und das Herz schlug und fand
Tag und Nacht nicht Ruhe.

Ich hab's gewußt.

Mitte März kam eine Feldpostkarte vom 5.

»Nächtlicher Weile an Öblarn, der Perle des
Ennstals, vorüberrollend, sandte ich den lieben
Schläfern einen stillen Wandergruß . . . «

Von Nord nach Süden, zu den Wälschen, die ein
kleines Mädel einst bitterlich gefürchtet hat.

Frühling! Es war keine Sorge in mir, es war
jauchzende, träumende, verborgene Seligkeit.
Aber ich wurde krank. Es kam ein seltsames Fie-
ber, das sie nicht erkennen und heilen konnten.

Trostlos gingen die Tage. Ich haßte die Menschen, ich haßte Gott.

Nur das Leben liebte ich mit verzweifelten Qualen, nur ihn liebte ich, der meine Jugend war. Ich habe Himmel und Erde verloren, und meine hoffnungslosen Seligkeiten lagen zerbrochen da, und auf der weiten goldenen Welt war kein Lichtlein ... In dunklen Nächten habe ich schluchzend seinen Namen gestammelt, in dunklen Tagen war mein Frühling ein kleines Heidekraut, fern aus dem Süden.

Er wußte es nicht. Mit bitterer Scheu verschwieg ich ihm mein krankes Elend und schrieb mit bebenden Händen manch friedsames Wort. Mit bitterer Scheu verschwieg ich ihm meine Liebe.

Er nannte mich Paula und ich ihn – Freund. Es hat ihm weh getan. Aber ich fragte und zagte in tausend Bangigkeiten, ob wir uns finden werden.

» ... ich denke gerne der lieben Menschen, die ich dort kennen und schätzen lernte, besonders Ihrer, liebe Paula, die Sie mir auch jetzt, nachdem ich durch die lange Kriegszeit gewiß sehr viel an Gefühl und Lebensinteresse verloren habe, das Weib vorstellen, wie ich mir's träume, und man doch auch im Felde kraft seiner Menschlichkeit hie und da über Dinge nachdenkt, die eigentlich mit dem Kriege nichts zu tun haben ... Ich habe jetzt wieder die 14. Kompagnie und bin darob meiner Eltern zuliebe froh, weil sie sich während der Zeit meines Jagdkommandos wohl gar zu sehr ängstigten ... Man wollte mich ob meines Berufes zur Heeresbahn haben, doch ging ich nicht; ich will den Krieg als echter Soldat mitmachen: da ich doch auch nachher diesem Berufe treu bleiben will, und sollte mich ein Stück Eisen umlegen, ist die Zeit doch groß genug, um seine Kraft dort anzusetzen, wo sie am meisten nützen kann ...

Vor einigen Tagen erhielt ich von der Direktion Innsbruck ein feierliches Dienststück, worin mir mein ›freiwilliger Dienstaustritt‹ bestätigt wurde. Ich habe dies nach reiflicher Überlegung getan und finde, daß es so gut ist.

Ich muß an Kaisers Seiten ins falsche Wälschland reiten ...«

So schrieb mein Held. Ich stammle seinen lieben Namen in dunkle Fernen hinaus ...

Wirst du trauern ... wenn ... ich sterbe?

Es ist ein Siechtum, das der Arzt nicht kennt. Sie schicken mich nach Salzburg zum Primarius. Kaum daß ich noch weinen kann, so stumpf und teilnahmslos bin ich in allen Hochgewittern meines Lebens geworden. Ich weiß nicht – ob ich je wiederkehre.

Und wie ich durch die ersten blühenden Kirschbäume des Salzachtales fahre, tönt es mit rollenden Rädern:

Geht es zum Sterben? Geht es ins Glück?

In der Dämmerung halten wir Einzug im Städtlein. Hilda und ich fragen uns: Wohin ... wo-

hin? Zum Primar können wir so spät nicht mehr
... Ins Sanatorium? Ins Spital? Ich weiß es
nicht; mir ist alles fast gleichgültig.

Frau Schwamberger hat uns in vielen Zweifeln
schon Rat gegeben – auch jetzt.

Wir gehen ins Sanatorium.

Ein weißes Zimmer, ein gelbes Messingbett ...
mir ist alles recht.

Ich schlafe ein – ohne Dank – ohne Furcht –
ohne Heimweh. Da ich aufwache, ist Palmsonn-
tag.

Es steht nicht gut. Von einer Operation muß
gegenwärtig abgesehen werden. Nierenleiden –
interessante Fälle, für den Augenblick keine Ge-
fahr. Milchkur und Bettruhe.

Wie gut ich sie schon kenne, die kalten sachli-
chen Doktrinen, diese erbarmungslosen Wohlta-
ten ...

Karfreitag. Ich bin ganz allein; ich brauche niemanden ... Nun muß er die Nachricht schon
haben, die ihn ... anlügt, daß ich in Salzburg
bin zur Kur – zur Erholung! Ich weiß, daß es
hoffnungslos ist – ich fühle es in allen Adern ...
und ... kann es ihm nicht gestehen. Ich möchte
jung in goldenen Tagen – immerdar jung in seinen Gedanken sein.

Sonne braucht er in Einsamkeiten, nicht Schatten ... Leben ... leben!

Der Doktor weiß mir keinen Trost. Seine kalten
Augen sagen die Wahrheit, und seine Worte
nehmen mir alle Hoffnung zum Genesen.

»Dieses Jahr noch?«

»Nein, dafür sind keine Symptome. Am besten ist da eine resignierende Haltung – das Leben ist ja nicht schön.«

»Das Leben ist schön . . . «, schreit meine Seele in bitterer Not, die Lippen aber heucheln seltsam ruhig:

»Ich bin Ihnen dankbar, Herr Doktor, daß Sie mir gesagt haben, wie es steht . . . «

Karfreitag. Viele Stunden bin ich allein. Ich kann nicht weinen. Mit erloschenen Qualen liege ich im weißen Bett. Ich kann nicht hassen. Wie wenn die Seele gestorben wäre!

Gegen Abend sucht mich Frau Schwamberger heim. Ihr muß ich es sagen, sonst keinem von allen, die mir gut sind.

Mit Mühe hält sie die Tränen zurück und tröstet. Ich bin ganz ruhig. Dann reden wir von ihrem Einzigen, der ein stiller Siedler in meiner Herzstube ist, einer, der Lieb und Glück verloren hat.

»Glauben Sie mir, er wird Ihnen niemals nahe treten; er wird nichts verlangen, als daß Sie ihm Halt und Hilfe sind; er hat mit tiefer reiner Neigung – Ihre Seele lieb . . . «

Dieses war ihr Vermächtnis; wir wußten es nicht.

»Ist's Ihnen recht, Paula, wenn ich mit Ihnen heimfahre, wenn Sie gesund sind?«

»O ja«, sage ich zögernd.

»Ich will nicht aufdringlich sein, aber Sie wissen,

wie von Herzen gern ich Ihnen was zu Gefallen tu . . . «

So war es immer. In allen großen Lebensfragen stand sie uns zur Seite, die gute tapfere Frau.

»Ich denke leicht ans Sterben«, sagt sie mit zukkenden Lippen.

»Weil Sie so weit . . . weit bis dahin haben«, klingt es bitterlich in mir, aber ich schweige.

»Wie oft rede ich mit dem Schwamberger drüber . . . Sehen Sie, da war ein Mann und ein Weib in glücklicher Ehe. Sie haben sich unendlich lieb gehabt. Und zur Sommerszeit saßen sie plaudernd unter Bäumen. Sie fühlten das Gewitter nicht, das schwarz über allen Kronen stand. Ein Blitz zuckte und erschlug, die sich liebten. War's nicht ein schöner Tod? . . . «

Ich friere – ich weiß es nicht – ich sehe sie mit großen Augen an.

Die Frau sagt lächelnd und milde:

»Es ist eben eine Geschichte . . . Wann soll ich wiederkommen? Am Ostersonntag . . . «

Leise huscht sie durch die weiße Tür . . .

Zu dieser Stunde sah ich ihr liebes gütiges Antlitz zum letztenmal.

Am Mittwoch nach Ostern ist Frau Schwamberger gestorben. Leise war sie durch die weiße Tür gehuscht, als die Sonne im Westen stand und alle Glocken in Trauer schwiegen.

Ich war allein . . .

Die Seele des Einen aber hat mir von ferner Grenzwacht ein Treugedenken zugetragen.

Auf lautlosen Flügeln.

Er hat meine Hände zwischen Himmel und Erde in die seinen genommen.

... Zu Peterskirchen das alte heilige Grab ... und ein kleiner Bub hütet Stunde für Stunde die gläsernen Kugeln, daß kein Lichtlein erlösche ... kennst du ihn ...?

Und dann – wie die Jahre ziehn – ein schlanker Student, hoch oben am Chor jubelt sein Alleluja über festliche Fahnen –

Magnificat anima mea Dominum ...

Und dann ... als er mit den ersten Glockentönen ins Ennstal kam, sein stolzes Jungfräulein zu suchen – weißt du es noch?

Wieviel Ostern sind vorbeigegangen seitdem ...

Väterchens grünweiß gestrichene Holzkirchen ... Es wallen mit eigentümlich klagendem Geschreie weißhaarige Männer in zottigen Pelzen dahin, Frauen in bunten Tüchern und schweren Stiefeln ...

Gib uns den Frieden ...

Wie das Schicksal doch seltsame Wege geht ...

Ostern.

Große Flächen Schnee ... einsame schweratmende Fichtenbäume mit weißen Lasten ... darüber graue, drohend sich ballende Wolken ... Pfeifende Eisenstücke ...

Weißt du noch, wie ich dir einmal meine Redeübung aus der Oktava gab, Italien, ein Grab der Germanen ... So ist's. Die neueste Geschichte mußte Fortsetzung werden ...

– Wie bitterlich einem kleinen Mädel das Herz
zuckt! –

Lieb, nicht bange sein, wenn man unten den
Frühling sieht, sein Wirken auch unterm Schnee
im Herzen fühlt . . .

. . . Paula, es ist nicht gut, daß der Mensch allein
sei. –

Nein, es ist nicht gut. Niemand auf der ganzen
Welt weiß, wie wundersam ich nach dir sehne.
Auch du nicht.

Und über die Erde zieht der Mai. In großer ge-
heimnisvoller Gnade kam das Genesen über
mein Siechtum, kam ein goldener Stern über
mein Haus.

Der Arzt muß sich wundern. Ich aber weiß, daß
eine hochheilige Königin mich gerettet – Maria.

Da zog meine Seele zu ihm – schüchtern und
liebreich. Sie zog in eine kalte hölzerne Kammer
im Dolomitenschnee.

Ich muß ihn heimsuchen, ich muß ihm ein liebes
Wort sagen – laß mich einmal – einmal selig
sein.

Da lächelt die Heilige.

Mutter, bist du auch ihm gut?

Sonst frage ich niemanden auf der weiten Welt –
ich wandle mit der Königin nach Süden.

> Goldene Fenster im Abendschein
> Und grüne wehende Kronen –
> Mailuft spielt vor dem Fensterlein,
> Dahinter wir einsam wohnen,

Ich und mein schluchzender Frühlings-
traum,
Still mit gefalteten Händen,
Daß seine Lieder im Weltenraum
Einen – den einzigen fänden.
Schwerschwellend duftet der Fliederstrauch
Fern aus verborgenem Garten . . .
Über den Dächern breitet der Rauch
die Flügel zu lichtweiten Fahrten.
Irrende Waller – ich bin allein.
Still unter wehenden Buchen
Ging meine Sehnsucht im Abendschein
Einen – den einzigen suchen.

Die Seele findet ihn – ihren Auserwählten. Ein
kleines Mädel aber bleibt sinnend zurück und
schaut den blaßvioletten Wolken nach . . . und
baut an den Ufern der Salzach ein stilles Haus
mit blühenden Gärten.
Die Heimat.
Ein kleines Mädel hat mit zitterndem Munde des
Liebsten Namen genannt und auf ein weißes Papier geschrieben.
Ein einzigesmal. Sonst nichts.
Der Liebste hat es verstanden. Meine Seele, finde dich zu ihm wie ein wilder Vogel; sing mit
verschwiegenen Tönen das Liedlein von meinem
Glück.
Immer wieder muß ich seine Briefe lesen.
» . . . du Rosenkäfer, siehst, alle sind davongeflo-
gen, fliegen wir auch. – Einverstanden, meinte

der Rosenkäfer, und sie flogen mitsammen ...
Ja die Aufschrift ... vielen, vielen Dank, Paula,
mir wurde warm ums Herz, und bitte, schreiben
Sie immer so; ich finde, wir verstehen uns langsam, und dies tut dem Herzen wohl ... Ich hab
so großes Leid. Mein schöner Schimmel, den ich
oft in kameradschaftlicher Weise umarmte, wo-
bei er mit dem Kopf in meinen Mantel fuhr ...
er ist nicht mehr ... «
Brennend loht es durch mein Hirn:
Erst traf es das Roß und ... dann ... den Rei-
tersmann.
Brennend ohne Unterlaß. Und dabei sehe ich am
Ufer der Salzach ein stilles Haus, darin ... »ein
junger Hauptmann den Frieden gefunden ... «
Sechs Jahre ist er mir gut gewesen. Im Maien
... im Maien gab er mir seines Herzens allertief-
ste Liebe.
Sechs Jahre und jugendlang blieb ich stolz und
mündig und scheu.
Erkannte denn keiner, daß ich demütig sein will
... daß ich nach Liebe dürste, die behütet!
Ich sah sie trotzdem ... ich sah sie dienen ...
und mutlos ... vorübergehn.
Einer aber wuchs und schwieg, bis er größer
war als ich. Und wie dieses geschehn, nahm er
stille und stark mein Herz in seine Hände.
Im Feuerschein ward es geschrieben, in schnee-
weißer Öde und Frühlingsstürmen ... ehe er
an die nächste Grenze zog ... »Meine kleine
Paula.«

Einmal bringt Schwester Maria die Kunde aus der Stadt, daß dreitausend Rainer gefallen seien bei der großen Durchbruchsschlacht am 16. Mai.

Ich glaube es nicht, aber meine Augen irren den fahlen Wolken nach und fragen und fragen . . .

Und er? Wo ist er . . . zwischen Himmel und Erde? Ist . . . er . . . tot?

Ein Blitz – ein Donnerschlag aus graufahlen Wolken!

Ist es eine Antwort gewesen?

Alle Stunden der Nacht muß ich sein gedenken. Ist ihm ein Leid geschehn? Ich will ihn hegen. Ist er ein Krüppel? Ich will ihm treu sein, und kein Mensch auf der weiten Welt soll es mir wehren.

Und . . . der Christl?

Wie an jenem Hochsommertag sehe ich den Bauern vor mir – scheu und bittend und schweigsam.

»Du bist zu spät gekommen, du stiller, seltsamer, friedsamer Mann. Du findest deinen Weg in Sonnen und Dunkelheiten. Einer aber braucht mich, einem habe ich alle Liebe meines Herzens gegeben, und ich bin sein.«

Wild weht der Frühlingssturm durch Busch und Bäume – die Blumen brechen auf schlanken Stielen und schimmernde Farben vergehn und verwehn.

Fremde Hände haben in meine stille Stube ein rosenrotes . . . einsames Blatt gelegt – fern aus dem Süden.

Mein Held – mein Held ist an heiligen Zielen verblutet – .

Wunde Seele, finde dich zu ihm wie ein frierender Vogel; sing mit verschwiegenen Tönen das Lied vom Herzeleid.

Vorwärts! Sturm!

Drommetenstöße und dröhnende Kanonen!

Zwei Siege! Vorwärts!

Noch einer – der letzte ... im Abendrot. Wie die Lorbeerkronen rauschen auf dem Monte Costone.

Tausend Schwerter in jungem Grün.

Vorwärts! Sturm!

Im Blutrausch – im Kampfgeschrei – in eisernen heiligen Überkräften ringen die Germanen an der Grenzwacht.

Sturm!

Sie zerreißen die Drahtverhaue.

Einer voran.

Ein kleiner Blitz – eine blutende Wunde. Einer bricht zusammen. Und zehn mit ihm.

Behutsam tragen sie den Helden zum Hilfsplatz.

Ganz still liegt er auf der Tragbahre, die weißen Hände zusammengekrampft, die lieben Augen geschlossen.

»Gebt's acht!« sagt der Bursche Karl Regl, der seinem Herrn die Kappe nachträgt, »gebt's acht, da sand Stoa ... «

Behutsam schreiten sie mit dem Helden. Von der Bahre tropft das Blut.

»Herr Dokter, ich meld g'horsamst, mei' Herr

Oberleutnant ... «, würgt der Bursche heraus, rauh, fast schluchzend, »Bauchschuß ... «

»O weh – «

Langsam schlägt der Todwunde die Augen auf.

»Steht es so?«

»Nur Mut, Bartosch!«

»Altmann – Unteroffizier Altmann, er soll ihr schreiben – er weiß schon, nachher, wenn's vorbei ist ... «

»Zu Befehl, Herr Oberleutnant!«

»Schmerzt es sehr?« fragt der Arzt.

Fest aufeinandergepreßt schweigen die blauen Lippen, und die tiefen rätselsamen Augen klagen nicht.

»Morphium-Einspritzung«, sagt der Arzt zum Assistenten –

Und dann ... eine lange Fahrt zurück auf tirolischen Boden ...

Lorbeerkronen, mit denen die Mailuft spielt – zitternde Halme – Abendschein über den weißen Myrten des Monte Costone.

Auf der Hochstraße weht ihnen licht das Zeichen des Heils zu – das rote Kreuz von Vielgereuth.

Die Tore des Malteser-Spitals sind weit offen.

Automobile stehen in langer Front – Maulesel und Pferde scharren unter Mandelbäumen.

»Gebt's obacht!« sagt noch einmal Karl Regl.

Und sie tragen ihn unter das Dach, wo nur das Stöhnen der Schwerkranken wohnt, heiliges Elend und Opfertum! Sie legen ihren Oberleutnant in ein weißes Feldbett und gehen. Nur der Bursche bleibt bei ihm und sieht, wie die Schwester einen neuen Verband anlegt. Sie weicht den forschenden Blicken des treuen Soldaten aus.

Da weiß auch Karl Regl aus Uitzenaich, wie viel es geschlagen.

Der Arzt fühlt den Puls.

»Schmerzt es?«

»Ich muß sterben . . . ?«

»Schlechte Fahrt gehabt?«

»Nein!«

Wundersam klar und ruhig sehen die Heldenaugen.

»Bitte, Gräfin – geben Sie ihm Morphium.«

»Ja.«

»Recht ruhig liegen, nicht wahr, lieber Freund . . . wie ist Ihr Name?«

»Oberleutnant Bartosch.«

»Haben Sie einen Wunsch?«

»Nein . . . «

»Soll der Bursche vielleicht . . . ?«

»Nein, lassen Sie ihn bei mir, bitte.«

Karl Regl steht steinern am Bettende. Im Nordosten dunkelt der Himmel. Einsam leuchtet ein Sternlein auf. Sie wissen es nicht, daß er in diesen Stunden verblutet. Alle Liebe, alle Sehnsucht, alle himmelhohe Treue flammt wie ein letztes Feuer auf – heilig und wunderbar.

Und leuchtet nach Nordosten.

Mit klaren Augen liegt der Held in weißem Linnen. Er weiß jede Stunde, die vergangen ist. Gü-

tig betreuen adelige Hände ein hoffnungsloses
Weh.

»Karl!«

»Zu Befehl, Herr Oberleutnant . . . «

»Der Herr Major wird dich nach Peterskirchen
schicken – zu meinen Eltern. Nach dem Inspektor Bartosch mußt du fragen – im Schulhaus –
zuerst mit ihm allein reden, verstehst? Nicht
wahr, es ist hart sonst . . . nichts vergessen! Du
weißt, in der Brusttasche die Medaille . . . und
alles . . . «

Wieder ist es eine Weile still. Dann und wann
das Stöhnen eines Schwerkranken.

»Schwester, bitte den Feldkurator!«

Junges Leben in letzter dunkelblauer, einsamer
Nacht . . .

»Und wenn du heimkommst, ich laß sie grüßen . . . «

Er faltet die Hände. Sie heften sein Signum Lau-
dis auf die Heldenbrust. Ein Glöcklein wimmert
– ein Glöcklein klagt.

Und durch die Finsternis schreitet der König.
Mein Held! . . . Mein Liebster, in hunderttausend bitteren Tränen muß ich die Hände falten,
weil sie dich in heiliger Treu gehütet haben – ein
deutscher Feldsoldat und Gott, der Herr.

Mit klaren Augen sieht der Held jede Stunde,
die vergangen ist.

In violetten Schatten liegen die Wälder des
Monte Costone. Über ihnen aber loht der Heili-
genschein eines neuen Tages.

Morgenrot . . .

Die Augen des Helden haben es längst gesehn . . . und sind erloschen.

Auf dem Friedhof zu Vielgereuth ist sein Grab. Neun Rosenkränze habe ich in Liebe und Herzleid darauf gelegt. Und ein blaues Lichtlein brennt ihm Tag und Nacht:

Meine Treue.

Karl Regl aber trug ins kleine Schulhaus zu Peterskirchen das Vermächtnis vom großen Sohn.

Allerseelen

1916

Ich habe einmal geträumt; es ist noch nicht
lange her – um Pfingsten mag es gewesen sein.
. . . da stand ich im Zug. Das rote Gaslicht
brannte wie eine Ampel, und ruhlose Schatten
stöhnten irgendwo, düster und schwer. Ich wußte nicht, was ich an Hab und Hoffen verloren
hatte, noch was ich suchte.
Das rote Licht . . . ?
Hat es mir die Augen verbrannt, dann muß ich
gehen. Aber der Zug rollt . . . langsam . . . langsam über Schotter und Schienen.
Niemand hält ihn auf . . .
An den Sümpfen wehen weiße Birken, und der
Himmel ist blau . . .
Was suche ich? . . . Das Warten . . . Die Flamme
zuckt . . . zuckt. – Niemand löscht sie aus. Ich
bin allein. Sind nicht just noch Menschen da gewesen unter der roten Ampel?
. . . Was sonst . . . ?
Draußen glänzt der Tag. Die Fahrt ist müde und
ziellos . . . Ich steige behutsam die zwei hölzer-
nen Stufen hinab . . .

Kupferdrähte zittern über der Böschung ...
Was singen sie ... ?
Nichts.
Keiner hat mich aufgehalten, auch der Bahn-
wächter von Trautenfels nicht. Es ist still.
Warum haben einmal die Schatten gestöhnt?
Die Sonne rastet auf Damm und Wiesen.
Ich auch. Ich sitze einsam im Sommergras, und
ringsum blühen dunkelblaue Sterne.
Enzian.
Meine Hände heben sie selig vom Wiesenrain
auf und hüten sie,
wo eine Wunde ist.

Ich habe einmal geträumt. Und nur ein Tag hat
diese und jene Nacht geschieden.
... da stand ich im Zug. Und es waren alle Menschen bei mir, die ich liebe.
Nur einer nicht ...
Das rote Licht in der Ampel ist erloschen, und
die Schatten sind stumm geworden ...
Vor den Fenstern wälzen sich schwarze Rauch-
wolken über scharfleuchtende Geleise ...
Sonnenfunken irren unstet vorbei ... wie eine
lautlose Unrast und Sehnsucht.
Endlos ... in bleierner Unbeweglichkeit stehen
die Wagenreihen. Die Maschinen glotzen mit roten Augen ins helle Tageslicht, und kein Herzschlag regt sich in eisernen Adern, kein Mensch
und kein Erwachen.
In dieser Einsamkeit ist nur meine Stimme laut:

»Laßt mich zum Fenster hin! Dort drüben auf dem Bahnhof von Stainach wird Eduard Bartosch stehen ... Wir werden vorüberfahren.«
Niemand antwortet mir; sie alle sind in tiefstem Herzen ergriffen.
»Ihr müßt ihn gut ansehn, um ihn nimmer zu vergessen ... Ihr wißt, daß er gestorben ist ...«
In die schweren Räder greift ein Zucken. Langsam und müde schleppt sich unser Zug.
Ich sage nichts mehr. Ich sehe brennend über den weißen Schotterweg. Ich sehe mit den sehnsüchtigen Augen einer herztiefen Liebe so inbrünstig, als müsse diese Stunde für alle Zeiten ein wandelloses Bildmal sein.
Eduard Bartosch steht vor uns.
Hochgemut und blaß und schweigsam, wie in jener Mittsommernacht, als er mir zum letztenmal die Hand gegeben ... Seine Augen ruhen rätselsam und treu und heilig auf meiner Seele.
Und seine verklärten Hände sind um einen Strauß gefaltet ...
Vom Wiesenrain tiefdunkler Frühlingsenzian.
Das ist die Geschichte, warum ich die blauen Sterne wie ein Wunder liebe und auch im Wachen nicht vergessen kann. –

Nun ist es Herbst geworden.
Auf den Friedhöfen blühen schon die papierenen Rosen ... Flammende Herzen sind auf kalte Gräber gemalt, und vergilbte Kränzlein knistern hinfällig im Wind.

Erstes todmattes Blätterfallen!

Erste Allerseelen auf seinem verlassenen Hügel! Vor Jahresfrist wehten Novemberstürme mir das goldene Licht seiner Liebe zu. – Nun aber ist er stumm geworden.

Mit allen Sinnen horchte ich nach dem Saum des Erdkreises, der in grauen Fernen den Himmel berührt, mit weitoffenen Augen saugte mein Sehnen sich in dunkle Nächte, um ihn zu finden. Ich suchte umsonst.

Und dennoch fühle ich, daß er lebt. Nicht allein mit dem Erbe eines jahrtausendalten Glaubens, sondern auch mit dem traumtastenden Empfinden meines unsterblichen Teils.

Wer einmal ein teuerstes Gut an der Pforte des ewigen Schweigens verlassen mußte, der will in vermessener Qual seine Rätsel lösen, der schreit nach einem Zeichen aus jener Welt, darin die Überwinder des Todes wohnen.

So schrie auch ich.

Allheiliger, vergib mir! Mit tausend Gedanken habe ich mich müde gedacht und – getröstet. Ich kann vor meiner Bitternis nicht träge sein; ich muß handeln. Das Hirn muß arbeiten, wo das Herz blutet; in der Wunde arbeiten, nicht in süßen Äußerlichkeiten, die mich betäuben. Ich muß das Leid zu Ende denken und zu Ende fühlen! Allheiliger, vergib mir, so es wider deine Wahrheit geschah! Ich kann es nicht richten. Oder . . . ward mir eine heilige Gnade, die mein suchendes Fragen barmherzig erleuchtet hat?

Wie die Blumen schüchtern zum werdenden Licht emporfühlen, ehe sie ihre Kelche öffnen . . .

wie erloschene Augen sie berühren und es doch nicht wissen, wenn die Offenbarung in weißen Wellen von Morgen kommt . . .

also scheint es mir mit dem Himmelreich. Ich suche es nicht mehr an den urfernen Grenzen des Universums – ich suche es überall.

Wie die Sonne um einen Blinden, so mag das Reich um uns Menschen sein . . .

Wie wir den Herrn nicht im Brote erkennen, so den Himmel nicht in der Erde.

Allheiliger, vergib mir, wenn es wider deine Wahrheit ist! Allein es ist gar wundersam und trostreich zu denken:

Wo du bist, da ist dein Reich.

Und wenn einer in die Herrlichkeit eingeht, hat er uns nicht verlassen.

Er lebt! Er ist bei dir. – Mein Held ist nicht für den Haß der Welt gestorben; nicht im Dienste einer gewaltigen Willkür, und hieße sie Rache und Recht.

Menschen irren.

Mein Held ist für das Höchste gestorben, das durch sein Schicksal wie ein flammendes Ahnen zog, das ihn aus dem Alltag zu Opfern drängte – nicht zum Kriege . . . sondern zum Selbstentsagen. »Der hat die größte Liebe, der sein Leben hingibt für seine Freunde.«

Und darum für dich.

Verklungenes Märlein ... Es müßte ein Armer sein, der in Einfalt wandelt ... ein Stiller, der ein gereinigtes Herz hat, ein großes Herz für das Heiligste auf der Welt.

In Demut will ich gläubig sein.

Ist es ein Trug, daß ich zu allen Tagen des Toten Nähe fühle, daß ich in schweigenden Tiefen höre, wie er zu mir redet?

Ist es ein Trug, den sich das Hirn in Selbsterbarmen ausgesonnen?

Ich weiß es nicht.

Wenn mein Auge sich suchend ins Dunkel saugt und mein Ohr über den Erdkreis horcht – dann ist er stumm.

Er hat mir seine besten Gedanken gegeben, er hat die stillen Wünsche meines Lebens gehegt, er hat mich geliebt.

Ist sein letzter Herzschlag das große Ende gewesen? Allheiliger, ist dein Himmelreich der ewige lautlose Untergang ohne Erwachen?

Nur das Schweigen antwortet mir aus dem Munde der Ewigkeit ...

Er ist nicht mehr.

Wie ein wegmüder Bettler – kleingläubig und irr breche ich zusammen:

Nicht daß er starb ... aber daß er stumm geworden!

Ewige Verheißung, großes heiligstes Geheimnis, erhöre mich!

Du weißt, daß wir arm sind und unerlöst zur Erde zurückkehren, wenn du vorübergehst.

Du bist! Jenseits aller Nacht.

Wir dürsten und hungern nach dir, wir berühren dich und sehen nur dein Dunkel ohne Ende ...

Ewige Verheißung, stummes heiligstes Geheimnis, erleuchte mich!

Ich schreie nicht um Zeichen und Wunder, die meine Sinne verbrennen; um eine Gnade bitte ich ... und wäre sie die kleinste vor deinem Thron. Ich werde sie finden ...

Wenn er noch lebt und wenn er noch liebt ...

Siegreich ging sein Gedenken über fallendem Laube noch jedes Jahr.

Nun aber weinen die ersten Allerseelen auf verlassenem Hügel.

Die weißen Nebel der Frühdämmerung sind in einer durchsichtigen Klarheit aufgegangen. Wie gelbe Obelisken ragen die schmalen Lärchenwipfel zwischen Fichtenstämmen auf, und an biegsamen, nackten Birkenzweigen hängen einschichtig und zitternd ein paar Taler.

»Ein Bäumlein, das goldene Blätter hat gewollt.«

Fern scheinen Forste und Felder in verglasten Tinten, und der tiefviolette Sammetsaum verkrüppelten Föhrenholzes schwingt sich an die steinerne Öde des Grimming.

Der Rauch über den Häusern steht still, als hätte ihn die kalte bewegungslose Luft der Mittagsstunde in Opal verwandelt ...

Raben schlagen unhörbar mit steifen Flügeln ...

Lange Schatten, die wie Spinnen kriechen ...

Zwischen den Krumen des Brachfeldes huscht
ein Wiesel . . .
Spätherbst.

> » . . . dann muß ich rasten. Die Gedanken
> Verweilen bei den hellsten Kränzen,
> Darin des Lebens Pulse sanken
> Und Male, rot wie Wunden glänzen . . .
> Wie bald im Goldbrokat die satten,
> Glutwilden Farben müd verbleichen . . .
> Zur Herbstzeit, wenn die langen Schatten
> Wie trauernde Gespenster schleichen . . . «

So allgütig ist die Erde, ehvor sie zur Ruhe geht
– sie macht uns beschaulich, sie macht uns sehn-
suchtslos.
Das Wasser der Enns schlägt an die Brücken-
pfeiler; ich sehe es branden und vorüberziehn
. . . schillern wie blaugrüne Seide.
Ist es nicht schön?
»Gehn wir das Ufer aufwärts«, sagt Hilda, »da
sind wir lange nicht mehr gegangen.«
Ich zögere. Und wir wandern vorbei. Auf dem
Rückweg kommt dieses Verlangen über mich.
»Ja, gehn wir doch, Hilda!«
»Na also, Querköpferl.«
Ist es nicht schön? Die Wellen gurgeln, die Wei-
den greifen mit roten Fingern danach . . . Die
Wiesen aber sind mit tausend sonnenmüden
Seelchen in Schlaf gesunken . . .
Wortkarg schreiten wir nebeneinander, allein

mit einer Welt voll teuerster Gedanken. Das Kind schleppt einen Bund geschmeidiger Stauden hinter sich, jede ist zweimal so lang als seine drei Jahre; und es ist seines Herzens einzige Sorge, uns von diesen Kleinodien fernzuhalten.

Einmal sehe ich zurück:

Ich habe ein Bildlein von dieser Stelle: das blasse Schilf ... und blattlose, uralte Weidenstümpfe ... die Mauern von Gstatt, im unruhigen Gleiten des Wassers hingezeichnet, und ...

Vorfrühling ...

»Was bleibst du stehn?«

»Nein, nichts – «

»Wie lange sind wir nicht mehr dagewesen.«

Und dann schweigen wir wieder.

... Als Frühling war ... nicht dieser und nicht jener ...

als die Weiden blühten ... und Blumen in meiner Stube lagen und drüber ein violettes Band ... *den* Frühling meine ich.

Ich habe aller Erinnerung meines Herzens Worte gegeben, allen Fragen und aller Qual. Ich habe dringlich und ungestüm an Gottes Türe mich freigebetet.

Nun bin ich stille.

Jesus Christus, hast du mir verziehen?

Heller Glast liegt über den Tälern, so durchsichtig, so kalt, als sollte darin die Welt von ihren Gluten gereinigt werden ...

»Wollen wir jetzt quer über die Wiesen gehn«, frage ich.

»Warum?«

»Ich möchte.«

Wir biegen vom Ennsweg ab, dort, wo die Weidengrenze verwittert über das Moor zieht. Es ist das Wandern der Beruhigten im Nichtssinnen, im Nichtssuchen . . . ohne Weisung und Ziel . . . Auf einmal erschauert mir das Herz in unsäglicher Freude. Ich muß mich niederknien, ich muß sehen, ob es wahr ist, und die Hände schirmend darüberbreiten.

Auf fahlem, schlafbefangenem Wiesengrund blühen tiefblaue Sterne.

Wiesenenzian . . .

Ich kann es nicht fassen und weiß es doch mit wundergläubigem Erstaunen meiner Seele:

Sie sind von ihm.

» . . . Um eine Gnade bitte ich . . . und wäre sie die kleinste vor deinem Thron, ich werde sie finden . . .

wenn er noch lebt und wenn er noch liebt . . . «

Einsamstes herztiefes Glück zu Allerseelen! Ich habe den Liebsten verstanden . . . Es sind die blauen Blumen, die ihren Mai versäumten . . . wie ich. Es ist die Gnade, die mich erleuchtet hat.

Ich muß die Hände falten.

Ich hebe die blühenden Sterne auf und hüte sie, wo eine Wunde ist.

So schlicht, wie er sie sein ganzes Leben verschwieg, so schlicht kam er, seine Seligkeit in mein Herz zu tragen:

»Meine Paula, ich hab dich lieb.«

Eine große Feierlichkeit ist aufgestanden. Das Kind sieht mich regungslos mit fremden Augen an, und Hilda sagt andächtig:

»Es ist Herbst. – Diesen Tag mußt du nicht vergessen.«

»Sie sind von ihm.«

»Es ist wunderbar.«

Wie weit wir auch über die Halde gehen, da ist nichts mehr als dürre Gräser und zertretenes Moos.

Das Kind trägt seine Gerten hoch aufrecht wie eine Fahne. Es weiß nichts, aber vielleicht fühlt es, daß ich bete.

Das Kind singt immerzu ... Heilig ... heilig. In meiner Welt läuten alle Glocken. Der Liebste hat Wort gehalten – treuer, als wir beide vermeint. In seinem letzten Briefe heißt es: »... ich werde nicht versäumen, Ihnen hie und da ein Sträußlein beizulegen ... vielleicht von der Grenze oder gar schon von drüben.«

Drüben.

Der weiße Glast liegt über den roten Dächern des Dorfes. Steile Pappelbäume schütteln ihre morschen aufstrebenden Äste, und gelbe Blätter sinken über den Weg.

Seine Seele wandelt lautlos mit mir ...

»Der liebe Gott ist dir nicht gram.

Der liebe Gott läßt dich grüßen. Und ich soll einem kleinen Mädel die Geschichte erzählen, allwo er einstmalen gesagt hat:

Selig sind, die nicht sehen und doch glauben.«
Hochselig aber, die sehn! Der Herr ist milde.
Auch Sankt Thomas hat an heiligstem Wundmal
gerührt und . . .
ein kleines Mädel hat ein Sternlein aus seinem
Himmel gefunden.

So wandle ich, von des Helden Liebe geleitet,
über herbstkrankes Laub. Auf dem Friedhofe
blühen papierene Rosen, und flammende Herzen
sind auf kalte Gräber gemalt. Kreuze und Krän-
ze über allen, die von uns gegangen –
Dreimal selig aber trage ich auf meinen Händen
eine große Verheißung . . .
Blaue Blumen aus dem Garten der Ewigkeit.

1916

NACHWORT

Wichtig.

Doppelt unterstrichen steht dieses Wort auf dem Schreibheft, in dem Paula Grogger die »Selige Jugendzeit«, die Geschichte ihrer unerfüllt gebliebenen Jugendliebe zu Oberleutnant Eduard Bartosch, niedergeschrieben hat.

Wichtig für die Dichterin selbst, weil durch den Tod des jungen Mannes, der 1916 in Südtirol gefallen war, das Leben des Mädchens Paula eine einschneidende Wende erfuhr. Wichtig wohl auch, weil sie hier zum ersten und einzigen Mal ihrem Schmerz freien Lauf gelassen hat, weil sie hier aussprechen konnte, was sie zeitlebens sonst verschwiegen oder nur verschlüsselt angedeutet hatte. Mit dieser Niederschrift konnte sie sich das Leid, die Trauer, die ungestillte Sehnsucht von der Seele schreiben: Kunst als Heilmittel im wahrsten Sinne des Wortes.

Mit dem Ende dieser Aufzeichnung 1925 scheint dieses traurige Kapitel ihres Lebens – zumindest nach außen hin – abgeschlossen. Nicht nur, daß sie das Manuskript streng verwahrte und eine Veröffentlichung erst nach ihrem Tod gestattete, auch in ihren Werken klingt kaum etwas an, sieht man davon ab, daß alle Erlebnisse eines Künstlers bewußt oder unbewußt, deutlich oder verwandelt in sein Werk einfließen. Ein paar Gedichte geben Zeugnis von diesem Verlust, ein paar lapidare Sätze in der »Späten Matura«, z. B.: »Der Ausbruch des Ersten Weltkrieges unterdrückte jählings die Passion des Leibes und der Seele« (S. 76).

Wichtig wird die »Selige Jugendzeit« daher auch vom biographischen Standpunkt: Der »Paradeisgarten« endet mit der Beschreibung der Kindheit im Jahr 1907. Die »Selige Jugendzeit« erhellt die Jahre im Leben der Paula Grogger von 1911 bis 1916, als sie die Lehrerinnenbildungsanstalt in Salzburg abschloß, als ihr der Vater das Studium verwehrte, als sie eine Stelle in Schladming antrat, als sie zum Bahnadjunkten Bartosch, der er damals noch war, eine sich selbst und ihm zunächst uneingestandene Neigung faßte, als sie schwer erkrankte. Rächte sich der Körper für allzu komplizierte seelische Vorgänge?

Wichtiger aber als die reinen biographischen Fakten, die da zum ersten Mal angeführt werden, ist wohl das Psychogramm, das die erwachsene Schriftstellerin vom 19–24jährigen Mädchen Paula gegeben hat, das sie einst gewesen war. Das junge Ding als echtes Kind seiner Zeit im Zwiespalt von altmodischen Anstandsregeln und zaghaften Emanzipationsbestrebungen. Die ganze Ungereimtheit im Verhalten eines heranwachsenden Menschen und in der Erziehung jener Jahre spiegelt sich in zwei Zitaten: »Ich wollte nicht Hilfe und Schutz, ich wollte die Zügel«, heißt es da, und nicht viel später fast wie ein Aufschrei: »Erkannte denn keiner, daß ich demütig sein will, daß ich nach Liebe dürste, die behütet?« Paula war überaus intelligent – daß sie der Vater nicht studieren ließ, konnte sie lange nicht verwinden –, und sie legte eine kluge Selbsteinschätzung an den Tag: »Was andere mit einem hübschen Gesichtlein tun, tat ich mit dem Verstand: ich kokettierte.«

Aber all ihre Intelligenz versagte im Umgang mit dem anderen Geschlecht, da konnte sie hochfahrend, verletzend, unnahbar sein und von einer Verschlossenheit, die ihr selbst »eine Qual war«. Diese Eigenschaften und wohl auch das Beispiel der nicht sehr glücklichen Ehe der Eltern – »ich habe viel Herzleid meiner Mutter gesehen« – ließen sie dem geliebten Mann gegenüber das richtige, erlösende Wort nicht finden. Als sie es sagte, war es zu spät.

Wichtig ist die »Selige Jugendzeit« wohl auch für die Literaturwissenschaft. Im Jahr 1925, als dieses Werk abgeschlossen wurde, stand das »Grimmingtor«, in dem Paula Grogger ihre eigene, unverwechselbare Sprache gefunden hat, vor dem Erscheinen. Nichts davon und nichts von der großen Form ist hier zu spüren. Hier atmet alles Gefühl, dem sich Form und Sprache unterordnen müssen. Und doch ist auch in diesem bekenntnishaften Text, der fast wie unter Zwang geschrieben scheint und in dem so meisterlich das eigene Fühlen und das Fühlen der Zeit eingefangen wird, die große Kunst der Paula Grogger zu erkennen. Auch dieses Werk rundet sich beispielhaft. Zu Beginn fürchtet sich das kleine »Dirnderl« vor italienischen Maurern, die jeden Sommer nach Öblarn kommen – »es gibt Ahnungen, die vor dem Denken aufwachen« –, zum Schluß fällt der Geliebte an der italienischen Front.

Es gibt mehrere Beispiele solch kunstvoller Verflechtungen, das bewegendste steht im letzten Abschnitt: Am ersten Allerseelentag nach Eduard Bartoschs Tod findet Paula Grogger wider alles Erwarten mitten in den schon braunen Herbstwiesen ein Büschlein tiefblauen Wiesenenzians. Es wird ihr zur Botschaft von ihm, zur Erfüllung eines Versprechens, das er ihr in einem Feldpostbrief gegeben hat, das einzulösen ihm aber nicht mehr vergönnt war: »Ich werde nicht versäumen, Ihnen hie und da ein Sträußlein beizulegen . . . vielleicht von der Grenze oder gar schon von drüben.«

Versöhnt mit ihrem Schicksal konnte so Paula Grogger Jahre danach in der »Späten Matura« (S. 78) schreiben: »Gottes Mathematik ist unfehlbar. Seine Rechnungen gehen auf. In den Kriegsjahren begriff ich das noch nicht.« Und so konnte sie unter das Manuskript (wir haben diese Worte als Motto dem Buch vorangestellt) wohl auch getrost – getröstet – das Evangelium zitieren:

»Er macht alles wohl« (Mk 7,37).

Graz, Februar 1989   *Elke Vujica*

Werke von Paula Grogger

Das Grimmingtor
Roman
576 Seiten, Leinen

Die Räuberlegende
Roman
734 Seiten, Leinen

Die Reise nach Brixen
Erzählung
172 Seiten, gebunden

Die Legende von der Mutter
72 Seiten, gebunden

Die Sternsinger
Eine Legende
172 Seiten, gebunden

Verlag Styria Graz Wien Köln

Werke von Paula Grogger

Der Lobenstock
Erzählung
127 Seiten, gebunden

Sieben Legenden
168 Seiten, Leinen

Bauernjahr
79 Seiten, gebunden

Der himmlische Geburtstag
Ein Weihnachtsmärchen
116 Seiten, illustriert, gebunden

Die Hochzeit
Ein Spiel vom Prinzen Johann
187 Seiten, broschiert

Gedichte
175 Seiten, gebunden

Verlag Styria Graz Wien Köln